Übung macht den Master

Wissenschaftliches Arbeiten und Schreiben leicht gemacht –
Das Praxisbuch für Bachelor und Master Studierende

Lennart Tiele

Lennart Tiele

ÜBUNG MACHT DEN MASTER

WISSENSCHAFTLICHES ARBEITEN UND SCHREIBEN LEICHT GEMACHT

DAS PRAXISBUCH FÜR BACHELOR UND MASTER STUDIERENDE

Impressum

Deutschsprachige Erstausgabe Februar 2021

Imprint: Buchfaktur Verlag
Nils Schneider – Herderstr. 87 – 50935 Köln

Covergestaltung und Satz: Wolkenart - Marie-Katharina Becker, www.wolkenart.com
Bildmaterial ©Shutterstock.com

Buchfaktur Verlag
1. Auflage

ISBN: 978-3-949157-02-8

Inhaltsverzeichnis

Vorwort

Nach vielen Semestern an der Uni hast du nun endlich alle Klausuren geschrieben und bestanden und musst jetzt „nur" noch deine Abschlussarbeit abgeben? Du hast unzählige Stunden damit verbracht, dich auf die Vorlesungen vorzubereiten und die schwierigen Studieninhalte zu verstehen? Jetzt stellst du dir die Frage, wie du nun noch die Energie für deine Abschlussarbeit aufbringen sollst? Und überhaupt hast du eigentlich keine Ahnung, wie du dein Thema findest, wie du die Gliederung erstellst und wie du nach Literatur suchst? Herzlich willkommen im Club – du bist nicht allein!

Ganz sicher hast du auch schon das Abgabedatum im Hinterkopf und weißt nicht, wie du dich optimal organisieren sollst, damit du deine Arbeit pünktlich abgeben kannst. Und wie war das überhaupt mit den Zitaten? Musste man beim Zitieren nicht ganz besonders sorgfältig vorgehen, damit die Bachelor- oder Masterarbeit am Ende frei von Plagiaten ist? Besteht nicht sogar die Gefahr, den so mühsam errungenen Abschluss wieder zu verlieren, wenn man im Nachhinein nachweist, dass du abgeschrieben hast?

Wohl jeder Student steht im Lauf seiner Studienzeit mindestens einmal vor diesen Fragen, Sorgen und Ängsten. Ganz sicher hat sich jeder Studierende auch schon mehrmals gefragt, wie er seine Abschlussarbeit am besten aufbaut, wie er die Gliederung entwickelt, wie er richtig zitiert und wie er es schafft, sich so zu disziplinieren, dass das Abgabedatum einzuhalten ist. Für dich ist es also wichtig zu wissen, dass du mit diesen Ängsten und Sorgen nicht allein bist. Auch wenn du dich noch nicht mit anderen Studierenden darüber ausgetauscht hast, darfst du sicher sein, – es geht ihnen genauso wie dir.

Nun weißt du aber, dass Jahr für Jahr unzählige Bachelor- oder Masterarbeiten an den Universitäten und Hochschulen in Deutschland vorgelegt werden und gut bewertet werden. Offenbar kann man die Kunst des wissenschaftlichen Arbeitens und Schreibens also lernen. Das solltest du dir unbedingt immer wieder vor Augen führen, wenn du wieder einmal das Gefühl hast, den berühmten „Wald vor lauter Bäumen" nicht zu sehen.

Mit dem Griff zu diesem Buch hast du schon den ersten wichtigen Schritt getan. Du hast dich mit deinen Ängsten und Sorgen beschäftigt und hast dich damit auseinandergesetzt. Dass du dieses Buch nun in den Händen hältst, zeigt deutlich, dass du bereit bist, dich in die Materie einzuarbeiten. Du kannst dir also schon einmal selbst auf die Schultern klopfen, denn du steckst den Kopf nicht in den Sand und kümmerst dich engagiert darum, deine Wissenslücken zu schließen. Das ist gut und richtig so, und dieser Ansatz wird dich durch deine gesamte Arbeit begleiten bis du das letzte Wort geschrieben hast.

In diesem Buch erfährst du alles, was du rund um deine wissenschaftliche Arbeit wissen musst. Es ist dein Begleiter in der spannenden Zeit, in der du an deiner Arbeit schreibst. Es ist aber auch ein Nachschlagewerk für alle deine Fragen, die dir beim Schreiben kommen. Wenn du einmal nicht weiter weißt, wirf gerne einen Blick hinein und schaue, ob du eine Antwort auf deine Frage findest oder wenigstens einen Ansatzpunkt, der dir weiterhilft.

Dieses Buch will dir eine Hilfestellung an die Hand geben und dabei die gesamte Phase deiner wissenschaftlichen Arbeit abdecken: angefangen bei der spannenden Suche nach einem passenden Thema, das dich genauso begeistert wie deinen Professor über die

Recherche nach der richtigen Literatur bis hin zu den wichtigsten Regeln rund um das Zitieren und den Fehlern und Stolpersteinen, über die so mancher Student gerne fällt.

Natürlich kannst du dieses Buch als Nachschlagewerk für deine erste wissenschaftliche Arbeit nutzen. Dazu ist es gedacht und konzipiert. Vermutlich wirst du im Lauf der Zeit aber noch die eine oder andere weitere Arbeit erstellen. Vielleicht kommt irgendwann eine Masterarbeit hinzu, vielleicht denkst du sogar darüber nach, deine Doktorarbeit zu schreiben. Dieses Buch ist für jede wissenschaftliche Arbeit geschrieben. In erster Linie spricht es aber Studierende an, die bisher noch wenig Erfahrung mit dem wissenschaftlichen Arbeiten und Schreiben gemacht haben. Als Doktorand hast du einen ganz anderen Schatz an Erfahrungen und Wissen, auf den du zugreifst und die Anforderungen an deine wissenschaftliche Arbeit sind noch einmal deutlich höher. Für den Einstieg genügt eine Bachelor- oder Masterarbeit, und speziell für Studierende, die vor dieser spannenden Herausforderung stehen, ist dieses Buch geschrieben.

1. Einführung in das wissenschaftliche Arbeiten

Schon der Begriff klingt relativ trocken und langweilig: wissenschaftliches Arbeiten. Das hört sich ein wenig verstaubt an, man sieht förmlich einen etwas verschrobenen Professor vor sich, der sich in sein Labor zurückgezogen hat und von dem Rest der Welt völlig abgeschottet ist. Man denkt an langweilige Theorien, an komplexe Modelle und an Statistiken, die später niemand versteht oder gar nachvollziehen kann. Wissenschaftliches Arbeiten und Schreiben hat scheinbar gar nichts gemeinsam mit deinem spannenden Studium und mit den faszinierenden Fragestellungen, die du in den letzten Jahren in wirtschaftlicher, juristischer, soziologischer, psychologischer oder mathematischer Hinsicht analysieren durftest. Warum also musst du als Student nachweisen, dass du wissenschaftlich arbeiten kannst? Und warum musst du es überhaupt lernen? Welche Vorteile bringt es dir vielleicht sogar, wenn du wissenschaftlich arbeitest? Könnte es sogar sein, dass du beim wissenschaftlichen Arbeiten und Schreiben Dinge lernst, die du später im Berufsleben brauchst? Vielleicht hebst du dich damit sogar ab von anderen Kollegen, die diese Form der Arbeit nicht gelernt haben? Im folgenden Kapitel erfährst du, was wissenschaftliches Arbeiten ist und welche Vorteile es für dich hat.

1.1 Was bedeutet wissenschaftliches Arbeiten?

Wissenschaft und wissenschaftliches Arbeiten sind eng miteinander verwoben. Wissenschaft ist definiert als die Erforschung von Zusammenhängen, die Erweiterung von vorhandenem Wissen und auch als die Weitergabe des Wissens.[1] Der wissenschaftliche Begriff geht in seiner engen Auslegung bereits auf den berühmten griechischen Philosophen Platon zurück.

Die Wissenschaft hat das Ziel, neues Wissen zu prüfen, zu verbessern und immer wieder neu zu generieren. Dazu gibt es eine ganze Reihe von unterschiedlichen Wissenschaften wie zum Beispiel die Biologie, die Chemie, die Physik, die Mathematik, die Medizin sowie die Rechts-, Geistes- und Wirtschaftswissenschaften.

Nicht in Vergessenheit geraten darf auch der Lehrauftrag der Wissenschaft. Er bedeutet, dass das vorhandene und das neu erworbene Wissen nicht nur einem engen Kreis von Wissenschaftlern zugänglich gemacht werden soll, sondern dass es auch der Allgemeinheit zur Verfügung gestellt werden soll. Dazu bedienen sich Wissenschaftler unterschiedlicher Plattformen wie zum Beispiel Vorträge, die auf Fachkongressen gehalten werden oder Vorlesungen, die Studierende in ihrem Studium besuchen.

Stark mit der Wissenschaft verwoben ist das wissenschaftliche Arbeiten. Darunter versteht man eine bestimmte Arbeitsweise, die von allen Studenten erwartet wird und die du an der Universität oder an der Hochschule lernst.[2]

Wissenschaftliches Arbeiten bedeutet, dass du dich mit einer bestimmten Fragestellung kritisch und detailliert beschäftigst. Damit du dich gründlich in die Materie einarbeiten kannst, hast du für eine wissenschaftliche Arbeit meist mehrere Wochen oder Monate Zeit. Zu Beginn deines Studiums beschäftigst du dich beim wissenschaftlichen Arbeiten mit schon vorhandenen Forschungsergebnissen. Du bewertest sie und leitest daraus ab, welche Erkenntnisse du auf dein spezifisches Thema anwenden kannst. Du nutzt also bereits vorhandenes Wissen, um daraus deine These zu bestätigen oder abzulehnen. Bei einer Bachelor- oder Masterarbeit ist das in der Regel ausreichend. Anders sieht es aus, wenn du eine Doktorarbeit schreibst. Dann bedeutet wissenschaftliches Arbeiten auch, eigene Ergebnisse herauszufinden und diese mit dem aktuellen Stand der Forschung zu vergleichen.

Typisch für eine wissenschaftliche Arbeit sind ein logischer und systematischer Aufbau. Dafür erstellst du eine Gliederung. Anhand der Gliederung müssen auch Leser, die nicht so tief in der Thematik stecken, mindestens den Aufbau deiner Arbeit und die Argumentation verstehen. Ein weiteres Merkmal des wissenschaftlichen Arbeitens ist die abgegrenzte Definition deines Themas und der Begriffe, die du in deiner Arbeit verwendest. Dabei musst du darauf achten, dass viele Begriffe aus verschiedensten Blickwinkeln definiert sein können. Diese verschiedenen Definitionen musst du aufzeigen und gegenüberstellen. Wissenschaftliches Arbeiten erkennst du auch an einer objektiven Darstellung der Sachverhalte. Du darfst also keine eigene Meinung oder eine Wertung einbringen. Deine Inhalte müssen logisch, fundiert und begründet dargelegt werden und dabei wissenschaftlichen Kriterien genügen. Eine eigene Meinung hat nur in einer Schlussfolgerung am Ende deiner Arbeit Platz, hier darfst du den einen oder anderen Aspekt kritisch bewerten oder deine persönliche Meinung einbringen. Sehr wichtig beim wissenschaftlichen Arbeiten ist auch das Zitieren. Du darfst dich auf keinen Fall mit Wissen schmücken, das nicht von dir selbst bereitgestellt wurde. Anders formuliert – jeden Inhalt, den du aus anderen Büchern entnimmst, musst du entsprechend kennzeichnen. Wie du genau zitierst, erfährst du in einem späteren Kapitel.

1.2 Warum muss ein Student für seinen Bachelor oder Master wissenschaftlich arbeiten?

Du weißt nun, was wissenschaftliches Arbeiten ist und durch welche Merkmale es gekennzeichnet ist. Wahrscheinlich überlegst du dir schon, wie du dir einen wissenschaftlichen Arbeitsstil angewöhnst und wie du deine Wissenslücken füllst. Es ist absolut verständlich, dass du dir solche Fragen stellst und dabei auch hinterfragst, ob und warum du als Student überhaupt wissenschaftlich arbeiten musst. Schließlich bist du gerade erst am Beginn deiner beruflichen Laufbahn und willst deine Fähigkeiten und Kenntnisse erst noch Schritt für Schritt ausbauen. Warum also solltest du als Student schon wissenschaftlich arbeiten müssen?

Wie du schon weißt, hat die Wissenschaft den Zweck, vorhandenes Wissen zu verifizieren und immer wieder zu hinterfragen und zu verbessern. Zusätzlich sollen neue Erkenntnisse gewonnen werden, und das so Schritt für Schritt gesammelte Wissen muss der Öffentlichkeit zugänglich gemacht werden.[3]

Mit dem Beginn deines Studiums hast du dich dazu entschieden, eine akademische Ausbildung zu absolvieren. Damit untrennbar verbunden ist der Eintritt in eine wissenschaftliche Tätigkeit. Natürlich heißt das nicht, dass du deine langfristige berufliche Zukunft in der Wissenschaft suchen musst. Es ist eher ein kleiner Anteil der Studenten, der sich im Lauf seines Studiums dazu entscheidet, nach dem Abschluss des Studiums in die Wissenschaft zu gehen, um dort Geld zu verdienen. Typische Wissenschaftler arbeiten in der chemischen, der biologischen oder der medizinischen Forschung. Eine wissenschaftliche Tätigkeit mag spannend sein, wenn man diese Art des Arbeitens liebt und voll und ganz in der Forschung aufgeht. Der weitaus größte Teil der Studenten entscheidet sich spätestens nach dem Abschluss des Studiums aber dazu, nicht in der Wissenschaft zu arbeiten, sondern in der Privatwirtschaft zu wechseln.

Eine akademische Ausbildung ist in nahezu allen Berufen Voraussetzung, wenn du eine gehobene Position anstrebst. In der freien Wirtschaft sind dir in der Regel ohne Studium irgendwann Grenzen in deiner Entwicklung gesetzt, und auch dein Einkommen wird sich dann kaum noch erhöhen. Ohne einen akademischen Abschluss stößt du also an Grenzen, die du allein kaum überwinden wirst.

Im Laufe deines Studiums wirst du also irgendwann die Entscheidung treffen, ob du weiterhin wissenschaftlich arbeiten willst oder ob es dich in die freie Wirtschaft zieht. Vielleicht hast du dein Studium auch bereits mit einer festen Vorstellung begonnen, wo du nach dem Abschluss arbeiten willst. Das ist absolut in Ordnung und unter Studenten keine Seltenheit.

Obwohl die Pläne deiner beruflichen Zukunft sehr vielfältig sein können, bist du als Student immer gezwungen, das wissenschaftliche Arbeiten und Schreiben zu lernen und mit einer Bachelor- oder Masterarbeit unter Beweis zu stellen. Es gehört zu der Art der Ausbildung, die du für dich gewählt hast und ist untrennbar damit verbunden. Bei einer anderen Form der Ausbildung ist es übrigens ganz ähnlich! Entscheidest du dich zum Beispiel für eine betriebliche Ausbildung als Handwerker, findet deine Tätigkeit vermutlich kaum im Büro, in der Verwaltung oder im Vertrieb statt. Du wirst vielmehr handwerkliche Fingerfertigkeit üben und die Arbeit an der Werkbank, am Auto, an Elektrogeräten oder beim Innenausbau von Immobilien von Grund auf lernen.

Mit deiner Entscheidung, ein Studium zu beginnen, legst du also automatisch die Basis dafür, akademisch und wissenschaftlich zu arbeiten, um dem eigentlichen Auftrag der Wissenschaft gerecht zu werden. Durch das wissenschaftliche Arbeiten lernst du übrigens viele Dinge, die dir im späteren Berufsleben helfen werden. Vermutlich kannst du dir bei der Erstellung deiner Bachelor- oder Masterarbeit kaum vorstellen, wie dich die Suche nach Literatur, die Entwicklung einer Gliederung oder ein nüchtern-sachlicher Schreibstil in deinem späteren Beruf unterstützen und wie du davon profitierst. Warum dir das wissenschaftliche Arbeiten trotzdem viele Vorteile bringt und warum es sich lohnt, diese Art des Arbeitens und des Schreibens gründlich zu lernen und einzuüben, erfährst du im nächsten Kapitel.

1.3 Welche Vorteile hat wissenschaftliches Arbeiten im Berufsleben?

Du weißt nun, dass wissenschaftliches Arbeiten und Schreiben zu deiner akademischen Ausbildung zählen. Du hast verstanden, dass du nicht darum herum kommst, wenn du dein Studium abschließen willst. Allerdings hilft dir wissenschaftliches Arbeiten nicht nur im Studium. Viele Fähigkeiten, die du jetzt erlernst, wirst du später im Berufsleben gut gebrauchen. Vermutlich wird dich sogar der eine oder andere Kollege glühend darum beneiden, wenn du diese Fähigkeiten perfektioniert hast. Doch wo liegen nun die Vorteile für dich?

Zu den größten Vorteilen gehört ganz sicher das strukturierte Arbeiten.[4] Strukturiertes Arbeiten sieht abhängig von der Art der Aufgabe immer ein wenig anders aus. Im Prinzip bedeutet es, dass du bei deiner Arbeit nach einem bestimmten Schema vorgehst. Du fängst also nicht willkürlich an, eine Aufgabe zu erledigen. Vielmehr überlegst du zuerst, wie du vorgehst. Dazu informierst du dich vielleicht bei Kollegen oder du recherchierst im Internet nach brauchbaren Vorschlägen, die sich auf dein Problem übertragen lassen. Weißt du, was du zu tun hast und wie du zur gesuchten Lösung kommst, planst du das Vorgehen. Du legst deine Aufgaben fest und vergibst ein Datum, bis wann sie erledigt sein sollten. So entsteht eine Planung oder eine Struktur für deine Arbeit. Dabei denkst du auch daran, deine Fragestellung aus verschiedenen Blickwinkeln zu prüfen. Ist deine Planung erstellt, arbeitest du sie der Reihe nach ab. Wahrscheinlich bringst du deine Ergebnisse in irgendeiner Form zu Papier, du dokumentierst also alles, was du getan und herausgefunden hast. So arbeitest du deine Fragestellung strukturiert und in logisch aufeinander aufbauenden Schritten auf. Diese Art des Arbeitens wirst du im Berufsleben immer wieder brauchen. Das gilt besonders, wenn du dich in neue Aufgaben einarbeiten musst, weil du vielleicht ein neues Projekt übernimmst oder in eine andere Abteilung wechselst.

Eng mit deiner strukturierten Arbeitsweise verbunden ist dein Zeitmanagement. Zeit ist ein knappes Gut, und deshalb musst du lernen, mit deiner knappen Zeit sinnvoll umzugehen. Für deine Bachelor- oder Masterarbeit hast du vermutlich mehrere Wochen Zeit. Diesen langen Zeitraum musst du in sinnvolle Blöcke einteilen und mit bestimmten Aufgaben füllen. Ein gutes Zeitmanagement hängt eng mit einer guten Planung zusammen. Dein Zeitmanagement soll dir dabei helfen, deine Arbeit im vorgegebenen Zeitraum zu erstellen, ohne dabei zu sehr in Hektik zu verfallen. Schließlich möchtest du in den letzten Tagen vor dem Abgabetag nicht Tag und Nacht arbeiten müssen, weil du zuvor zu viel Zeit verloren hast.

Es gibt eine Reihe von Methoden und IT-Tools für ein gelungenes Zeitmanagement. Am besten nutzt du die Zeit deiner Bachelorarbeit, um dich intensiv mit den Möglichkeiten zu beschäftigen. So findest du leicht heraus, welche Variante dir optimal gefällt und welches Tool dir nicht so sehr zusagt. Ein vernünftiges Zeitmanagement ist im späteren Berufsleben elementar wichtig, weil du immer wieder enge Deadlines für die Abgabe von Präsentationen oder Ausarbeitungen von einem Vorgesetzten erhalten wirst und weil es immer wieder Phasen gibt, in denen du mit deiner Arbeit im Rahmen deiner Arbeitszeit kaum fertig wirst. Zeitmanagement ist auch essenziell, wenn du die Zahl deiner Überstunden in einem überschaubaren Rahmen halten willst und einigermaßen pünktlich Feierabend machen willst. Je früher du dir ein solides Zeitmanagement aneignest, desto besser für dich.

Auch eine klare und eindeutige Ausdrucksweise ist eine der Fähigkeiten, die du bei deiner Bachelor- oder Masterarbeit übst und später immer wieder benötigst. Auch wenn du zu den Menschen gehörst, die sich lieber mündlich ausdrücken als schriftliche Abhandlungen zu verfassen, kommst du im Berufsleben nicht darum herum, aussagekräftige E-Mails an einen wichtigen Verteiler zu schicken oder eine Präsentation zu erstellen, die sprachlich einwandfrei ist und durch einen geschliffenen Ausdruck überzeugt. Vielleicht gehört es in deinem Beruf auch dazu, schriftliche Dokumente wie zum Beispiel Gutachten, Arbeitsanweisungen oder Urteile zu erstellen. Auch dazu ist eine klare und verständliche Ausdrucksweise unerlässlich.

Natürlich steckt nicht in jedem Studenten ein begnadeter Autor. Der eine oder andere hat eine natürliche Fähigkeit zum Schreiben und drückt sich schriftlich brillant und mitreißend aus, während der andere gerade drei oder vier verständliche Sätze schreiben kann.

Trotzdem musst du deine schriftliche Ausdrucksweise wenigstens so weit optimieren, dass du zusammenhängende Texte erstellen kannst, die der Leser versteht und nachvollziehen kann. Wenn du dir diese Fähigkeit bei deiner Bachelorarbeit schon aneignest, fällt es dir später im Berufsleben viel leichter, wichtige schriftliche Dokumente mit wenig Aufwand zu erstellen.

Wissenschaftliches Arbeiten bringt dir aber nicht nur handwerkliches Wissen für deine spätere Arbeit. Du wirst mit Sicherheit auch die eine oder andere persönliche Eigenschaft an dir entdecken, die dir bisher noch nicht so bewusst war. Vermutlich lernst du deine Stärken und Schwächen in dieser Zeit genauer kennen. Du erkennst, was du wirklich gut kannst und wo du noch das Potenzial für Verbesserungen hast. Das ist wichtig für eine spätere Bewerbung, denn viele Eigenschaften wirst du in einer Stellenbeschreibung für eine freie Position wiederfinden. Weißt du schon, was du gut kannst und wo du deine Fähigkeiten noch ausbauen musst, kannst du viele Stellenausschreibungen von Anfang an ausschließen und dich auf diejenigen konzentrieren, die wirklich zu dir passen. So optimierst du deinen Bewerbungsprozess erheblich.

Auch Eigenverantwortung, Disziplin und Durchhaltevermögen sind Eigenschaften, die du während dieser Phase deines Studiums an dir finden wirst – und unter Umständen ausbauen musst. Du wirst die Erfahrung machen, dass du manchmal gerne aufgeben willst und trotzdem durchhalten kannst und musst, um am Ende zum Ziel zu kommen. Diese Erfahrungen sind wertvoll und letztlich kaum mit Geld zu bezahlen. Vor allem aber machst du sie jetzt in der Zeit deines Studiums und kannst damit im späteren Berufsleben darauf aufbauen.

Damit weißt du nun, dass dir wissenschaftliches Arbeiten eine Menge für dein späteres Leben bringt. In den nächsten Kapiteln erfährst du, wie du deine Bachelor- oder Masterarbeit genau aufbaust und Schritt für Schritt zum Erfolg kommst.

2. Einführung in das wissenschaftliche Schreiben

Du hast in deinem Studium sicher schon die eine oder andere Herausforderung gemeistert. Du hast Bücher durchgearbeitet, den Inhalt verstanden und auswendig gelernt. Du hast das Gelernte in Klausuren angewendet und wurdest für deine Mühe mit einem vernünftigen Ergebnis belohnt. Du hast Gedankengänge deiner Professoren verfolgt, aufgenommen und eigene Ideen eingebracht. Doch jetzt steht die nächste größere Aufgabe an: Du musst eine wissenschaftliche Arbeit schreiben.

Falls du noch niemals eine wissenschaftliche Arbeit erstellt hast, fragst du dich jetzt sicher, worauf zu achten ist. Du willst wissen, was das wissenschaftliche Schreiben ausmacht. Vielleicht hast du für dich selbst das Gefühl, dass du kein Talent zum Schreiben hast und deine Gedanken nur schwer in eine logische Struktur bringen kannst. Diese Ängste und Sorgen sind verständlich, und sie treffen wohl jeden Studierenden. Auch wenn du schon die eine oder andere Seminararbeit erstellt hast und von deinem Professor auf die Schwachpunkte hingewiesen wurdest, ist die Anfertigung einer wissenschaftlichen Arbeit eine größere Herausforderung. Noch bevor du mit dem Recherchieren und Schreiben beginnst, solltest du dir eine Sache klar machen: Die meisten Studierenden haben am Anfang Probleme mit dem typisch wissenschaftlichen Schreibstil. Diese haben übrigens wenig damit zu tun, ob du ein gewisses Talent zum Schreiben hast oder ob du mindestens gerne liest.

Für das wissenschaftliche Schreiben gelten bestimmte Regeln. Bevor du beginnst, solltest du sie kennen und verstehen. Dabei wird dir sicher auch schnell klar, was du vermeiden solltest. In diesem Kapitel stellen wir dir ein paar wichtige Begriffe vor. Sie machen es dir leichter, wissenschaftlich zu schreiben und deinen Stil beizubehalten. Was also ist wissenschaftliches Schreiben und welche Begriffe solltest du beherrschen? Und was solltest du vermeiden?

2.1 Was versteht man unter wissenschaftlichem Schreiben?

Im Prinzip geht es bei einer wissenschaftlichen Arbeit darum, eine bestimmte Fragestellung aus verschiedenen Blickwinkeln zu beleuchten und objektiv zu beantworten.[5] Du musst also das wissenschaftliche Arbeiten und das Schreiben voneinander abgrenzen. Im Rahmen deiner wissenschaftlichen Arbeit musst du zuerst die Frage eingrenzen, die du beantworten wirst. Sie ist bei einer Bachelor- oder Masterarbeit weniger umfangreich als bei einer Dissertation.

Welche Frage du im Rahmen deiner Bachelor- oder Masterarbeit beantwortest, hängt vor allem von den Inhalten deines Studiums ab. Vielleicht hat dein Professor bestimmte Fragestellungen im Auge, die er gerne beleuchtet haben möchte. Vielleicht hast du aber auch selbst eine gute Idee für ein interessantes Thema, das dir im Verlauf deines Studiums besonders viel Freude gemacht hast.

Ist die Fragestellung gefunden und genauer formuliert, verschaffst du dir einen Einblick in den aktuellen Stand der Literatur. Das bedeutet, dass du zunächst eine Recherche durchführst. Die Ergebnisse deiner Recherche stellst du als Ausgangslage zusammen, um daraus deine weiterführende Fragestellung abzuleiten. Sie sollte in wissenschaftlicher Hinsicht von Bedeutung sein. Gleichzeitig muss sie so formuliert sein, dass du sie im Rahmen einer Bachelor- oder Masterarbeit beantworten kannst.

Ist die Fragestellung klar, musst du sie im nächsten Schritt fundiert beantworten. Dazu verwendest du weiterführende Literatur. Wahrscheinlich führst du auch eine eigene kleine empirische Untersuchung in Form einer Befragung durch. Diese Befragung erstellst du und wertest sie nach wissenschaftlichen Methoden aus. Aus den Ergebnissen leitest du die Antwort auf deine Fragestellung ab.

Nach diesen Schritten steht der Inhalt deiner wissenschaftlichen Arbeit im wesentlichen fest. Nun beginnt das eigentliche Schreiben.[6] Du musst deine erarbeitete Fragestellung mit der Ausgangsbasis und deinen Ergebnissen mit der Schlussfolgerung in eine logische Reihenfolge bringen. Dazu benötigst du eine Struktur für deine Arbeit, die sogenannte Gliederung.

Damit deine Arbeit wissenschaftlichen Ansprüchen genügt, müssen die Kapitel logisch aufeinander aufgebaut sein. Deine Argumentation muss nachvollziehbar und belegt sein. Dein Schreibstil sollte sachlich und objektiv sein, um deine Fragestellung nach wissenschaftlichen Kriterien zu beantworten. Der sachliche und objektive Stil ist ein sehr wichtiges Merkmal einer wissenschaftlichen Arbeit. Du musst also darauf achten, immer begründet zu argumentieren.

Denke daran, dass du deinen Leser nicht überreden willst! Du musst ihn von deinen Ergebnissen überzeugen, und der Inhalt deiner Arbeit und dein Schreibstil muss entsprechend gewählt sein. Übrigens muss ein sachlicher Stil keinesfalls sehr trocken und langweilig sein. Du kannst deinen Leser durchaus mit Worten in deinen Bann ziehen! Wenn dir das gelingt, hat dein Betreuer mit Sicherheit eine Menge

Spaß beim Durcharbeiten deiner Bachelor- oder Masterarbeit und belohnt dich vielleicht sogar mit einer noch etwas besseren Note. Vielleicht entdeckst du dabei deine Freude am wissenschaftlichen Schreiben, sodass du dir eine spätere Karriere an einem Lehrstuhl vorstellen könntest.

2.2 Welche Begriffe sind wichtig?

Wissenschaftliches Schreiben klingt für viele Studierende am Anfang erst einmal nach einem Mysterium. Man kann sich nicht viel darunter vorstellen, hört aber immer wieder von den älteren Jahrgängen, wie schwierig es sein soll. Schließlich willst du den Anforderungen deines Betreuers und deines Professors genügen und sollst dabei gleichzeitig den wissenschaftlichen Anspruch nicht aus den Augen verlieren. Vermutlich hörst du auch den einen oder anderen Fachbegriff, mit dem du nicht so viel anfangen kannst. Welche Fachbegriffe rund um das wissenschaftliche Schreiben sind also wichtig?

Der vielleicht häufigste Begriff ist der des „Zitierens". Er spielt beim wissenschaftlichen Schreiben eine enorm große Rolle. Machst du Fehler beim Zitieren, wird deine Arbeit von deinem Betreuer zurückgewiesen. Deine ganze Mühe war dann umsonst. Das ist ärgerlich und führt dazu, dass du bei deinem Studium unnötig Zeit verlierst. Wahrscheinlich musst du in diesem Fall eine weitere Arbeit erstellen und noch einmal einreichen. So könntest du durchaus ein halbes Jahr verlieren und bist gezwungen, dein Studium zu verlängern.

Noch schlimmer ist es, wenn solche Fehler beim Zitieren erst Jahre später entdeckt werden und du vielleicht schon lange im Berufsleben stehst. Stellt man dann nämlich vonseiten deiner Universität fest, dass du in deiner Arbeit nicht sauber zitiert hast, musst du im schlimmsten Fall damit rechnen, dass man dir deinen Abschluss und deinen Titel aberkennt.

In den letzten Jahren haben vor allem bekannte Politiker immer wieder Probleme mit ihrer Promotion oder sogar mit ihrer Habilitation bekommen und mussten ihre Titel abgeben, weil in ihrer Doktorarbeit maßgebliche Fehler beim Zitieren entdeckt wurden. Für die Betroffenen ist das durchaus dramatisch, denn schließlich haben sie sich über die Jahre hinweg einen bestimmten Ruf aufgebaut, der dann innerhalb von wenigen Tagen ruiniert ist. Muss ein Doktortitel aufgrund von handwerklichen Fehlern in der Dissertation aberkannt werden, führt das gerade in der Politik schnell zu einem Verlust der aktuellen Position oder zu einem freiwilligen Rücktritt.

Es ist also in deinem eigenen Interesse, sehr sorgfältig darauf zu achten, dass dir keine Fehler beim Zitieren unterlaufen. Wie du richtig zitierst, erfährst du in einem späteren Kapitel dieses Ratgebers. Zuvor wollen wir uns noch einen Augenblick mit der Frage beschäftigen, warum es eigentlich so dramatisch ist, wenn du falsch zitierst!

In deiner wissenschaftlichen Arbeit gibst du an, dass du sie ohne fremde Hilfe erstellt hast. Du bestätigst mit deiner Unterschrift, dass du die Ausgangsbasis selbst erarbeitet hast, dass du die Recherche nach Literatur ohne Unterstützung durchgeführt hast und dass du auch keine Hilfe bei den Schlussfolgerungen und bei der Beantwortung deiner Fragestellung in Anspruch genommen hast. Diese Bestätigung ist ein fester Bestandteil in jeder wissenschaftlichen Arbeit.

Sie ist nötig, weil du beim wissenschaftlichen Arbeiten keine fremden Gedanken und These als dein eigenes ausgeben darfst! Anders formuliert – du darfst dich nicht mit fremden Federn schmücken! Natürlich darfst du bekannte Sachverhalte oder weiterführende Fragen in deiner Arbeit aufnehmen und beantworten! Allerdings musst du diese Stellen eben sauber kenntlich machen.

Das Zitieren ist ein fester Bestandteil des wissenschaftlichen Arbeitens und leider kann man hier eine ganze Menge Fehler machen. Deshalb solltest du diesen Begriff kennen und ihn einordnen können. Vor allem musst du wissen, wie man richtig zitiert und dabei sorgfältig vorgehen. Wenn du die Vorgaben beachtest, hast du ein ganz wesentliches Merkmal des wissenschaftlichen Schreibens beachtet und umgehst einen wichtigen Stolperstein, der schon manchem Prominenten und Politiker zum Verhängnis geworden ist.

Tipp: *Nutze Plagiat-Scan-Software wie zum Beispiel „PlugScan", um deine wissenschaftliche Arbeit auf Plagiate vor der Abgabe zu prüfen. Oft sind diese durch deinen Unizugang kostenfrei nutzbar.*

Eng mit dem Zitieren im Zusammenhang steht die „Literaturrecherche". Du weißt schon, dass du bei deiner wissenschaftlichen Arbeit eine Fragestellung beleuchten sollst. Du sollst dir deine eigenen Gedanken machen und einen Sachverhalt objektiv überprüfen. Dazu musst du zuerst eine Ausgangsbasis erarbeiten. Dazu recherchierst du in der gängigen Fachliteratur.

Die Literaturrecherche nimmt gerade am Anfang deiner wissenschaftlichen Arbeit einen großen Stellenwert ein. Sie ist zeitintensiv, deshalb solltest du sie auf keinen Fall unterschätzen. Allerdings kannst du sie auch nicht vermeiden, denn du musst dir zuerst einen Überblick über den aktuellen Stand der Forschung verschaffen, bevor du dir weiterführende Gedanken machst.

Wie und wo du mit deiner Recherche beginnst, hängt natürlich sehr von deinem Thema ab. Vielleicht hast du mit deinem Betreuer über ein bestimmtes Thema gesprochen, sodass er dir Literatur empfehlen kann. Vielleicht hast du während deines Studiums aber auch ein bestimmtes Thema angerissen, das du gerne vertiefen möchtest. In diesem Fall hast du vielleicht schon einen Grundstock von zwei oder drei Büchern, die du als Basis nehmen kannst.

In dieser frühen Phase deiner wissenschaftlichen Arbeit kann es schwer sein, eine Abgrenzung zwischen wichtigen und unwichtigen Literaturquellen zu finden. Am besten nimmst du zuerst alles auf, was du rund um dein Thema findest. Zu einem späteren Zeitpunkt beim Schreiben kannst du dann immer noch die besten Quellen aussuchen und priorisieren.

Achte bei der Recherche unbedingt darauf, von Anfang an sorgfältig zu erfassen, aus welcher Quelle du welche Inhalte nimmst, – aus welcher Quelle du also zitierst. Wenn du durchgängig genau darauf achtest, welche Inhalte aus der gängigen Literatur du in deine Arbeit aufnimmst, umgehst du das gefürchtete Problem der fehlenden Zitate!

Bei der Recherche nach Literatur musst du auch darauf achten, dass du dich in der weiten Welt der Bücher verlieren kannst. Denke daran, dass du für deine Arbeit einen bestimmten zeitlichen Rahmen einhalten musst. Du hast einen Abgabetermin und wahrscheinlich musst du deinem Betreuer auch gelegentlich Rede und Antwort zu deinem Fortschritt stehen. Versuche deshalb, dich von Anfang an auf die wesentlichen Inhalte zu konzentrieren, die genau zu deinem Thema passen. Bei einer Bachelor- oder Masterarbeit ist das noch kein größeres Problem. Schwieriger wird es bei einer Doktorarbeit, hier wird die Menge der Quellen deutlich höher sein als bei einer Bachelorarbeit. Vielleicht empfiehlt dir dein Betreuer sogar eine bestimmte Anzahl an Quellen heranzuziehen, damit du dich nicht in der Welt der Literatur verirrst. Für Bachelor- und Masterarbeiten können durchaus schon 20 bis 30 Quellen ausreichend sein, die dir dabei helfen, dich auf die wesentlichen Inhalte zu konzentrieren.

Tipp: *Arbeite generell in enger Absprache mit deinem Betreuer zusammen, um auch bei der Literaturrecherche keine „schwarzen Schafe" oder veraltetet Literatur zu verwenden.*

Das Stichwort „Gliederung" wird dir beim wissenschaftlichen Schreiben ebenfalls häufig begegnen. Wahrscheinlich ist eine der ersten Fragen, die dir dein Betreuer stellt, die Frage nach der Gliederung. Sie steht für die Struktur und das Grundgerüst deiner Arbeit. Jede Gliederung hat ein paar fest vorgegebene Bausteine wie zum Beispiel die Einleitung. Während du in der Einleitung zu deiner Fragestellung hinführst, arbeitest du sie im Hauptteil ab. In der Gliederung zeigst du auf, wie du vorgehst. Die einzelnen Kapitel müssen logisch aufeinander aufbauen, jedes Kapitel muss zum nächsten hinführen. Dabei musst du immer logisch und nachvollziehbar vorgehen.

Die Erarbeitung der Gliederung ist für den Erfolg deiner Arbeit ein wichtiger Meilenstein. Steht nämlich das Grundgerüst erst einmal, arbeitest du Kapitel für Kapitel ab. Dieses Grundgerüst erlaubt es dir auch, deine Zeitplanung fundiert zu erstellen und jeden Abschnitt wie geplant abzuarbeiten. Das ist wichtig, damit du das Datum für die Abgabe einhältst. Bis eine endgültige Gliederung steht, geht in der Regel einige Zeit ins Land. Wahrscheinlich verschiebst du einzelne Kapitel, du entfernst sie und nimmst neue Absätze hinzu. Das ist völlig normal und absolut in Ordnung.

Unterschätze allerdings die Bedeutung einer guten Gliederung nicht! Musst du später beim Schreiben deiner wissenschaftlichen Arbeit noch einmal nachjustieren, ist das meist zwar möglich. Allerdings ist dieses Justieren aufwändig und du verlierst dabei unnötige Zeit. Besser ist es, genügend Zeit und Mühe auf die Erarbeitung der Gliederung zu verwenden und sie dann auch mit deinem Betreuer abzustimmen! Er sollte unbedingt mit deiner Gliederung einverstanden sein, denn sonst besteht die Gefahr, dass du im Nachhinein doch noch einmal ändern musst. Mit einer sorgfältigen Absprache in der frühen Phase deiner Arbeit reduzierst du dieses Risiko so weit wie möglich.

Eine gute Gliederung besteht übrigens im Prinzip aus drei Modulen: der Einleitung, dem Hauptteil und dem Ende. Im Hauptteil stellst du die Fragestellung deiner Arbeit vor, führst deine Untersuchungen durch und kommst zu einer Schlussfolgerung. Einleitung und Ende runden deine Arbeit ab.

Tipp: *Um dir eine bessere Orientierung bei der Erstellung deiner Gliederung zu geben, kann es hilfreich sein, die Gliederung von thematisch ähnliche wissenschaftliche Arbeiten dir anzuschauen. Dies soll dir natürlich nur als „Orientierungshilfe" dienen, um deine eigene Gliederung zu strukturieren.*

Eine „empirische Untersuchung“ wird von dir im Rahmen deiner Bachelor- oder Masterarbeit unter Umständen auch verlangt. Dabei handelt es sich um eine Untersuchung, um eine bestimmte These oder eine Behauptung zu untermauern. Mit deiner Arbeit wirst du eine festgelegte Fragestellung unter wissenschaftlichen Gesichtspunkten betrachten. Du beleuchtest sie aus unterschiedlichen Blickwinkeln und leitest eine Vermutung ab. Diese Vermutung musst du belegen. Je nach Fragestellung führst du dazu eine empirische Untersuchung durch. Doch was ist das?

Eine empirische Untersuchung ist im Prinzip eine Befragung. Das heißt, dass du eine bestimmte Aussage anhand einer kleinen Studie beweist. Dazu entwickelst du zum Beispiel einen Fragebogen. Dein Fragebogen sollte statistischen Grundlagen genügen, die erhobenen Daten müssen auszuwerten sein. Dazu stellst du Fragen, die du entweder auf einer Nominal-, einer Ordinal- oder einer Kardinalskala anordnen kannst.[7] Diese Skalen begegnen dir vor allem in der Statistik, dort solltest du das entsprechende Basiswissen erworben haben.

Die Durchführung einer empirischen Untersuchung kann recht aufwendig sein. Zuerst entwickelst du den Fragebogen, die Fragen und die Antworten müssen so beschaffen sein, dass du Rückschlüsse auf deine Thesen ziehen kannst. Dann führst du die Befragung durch und wertest die Ergebnisse aus. Bei den Teilnehmern an deiner Studie handelt es sich um eine Stichprobe, denn schließlich kannst du unmöglich alle Menschen befragen, die für deine Untersuchung wichtig sein könnten. Die Stichprobe musst du anhand von bestimmten Kriterien festlegen. Sie sollte repräsentativ für deine Grundgesamtheit sein, also für die Menge der Probanden, die du mit deiner Untersuchung abdecken willst. Sowohl die Entwicklung und die Verifizierung des Fragebogens wie auch die Durchführung

werden einige Zeit in Anspruch nehmen. Am Ende sind die Ergebnisse auszuwerten. Anhand der Resultate wirst du deine Thesen untermauern oder widerlegen.
Eine empirische Untersuchung ist Bestandteil von vielen Bachelor- und Masterarbeiten. Achte aber darauf, den Umfang von Anfang an in einem überschaubaren Rahmen zu halten. Sonst besteht die Gefahr, dass dein Zeitmanagement völlig aus dem Ruder läuft und du deine Arbeit nicht pünktlich fertig stellst. Hier müssen Kosten und Nutzen also unbedingt in einem ausgewogenen Verhältnis stehen.

Nicht zu unterschätzen ist übrigens auch die Mühe, die die Aufbereitung deiner Daten macht. Dazu nutzt du Tabellen, Schaubilder, Diagramme und weitere Instrumente. Sie helfen dir dabei, deine Ergebnisse für den Leser in eine verständliche und nachvollziehbare Form zu bringen und sie zu visualisieren. Falls du in deiner wissenschaftlichen Arbeit eine empirische Untersuchung durchführst, nimm dir unbedingt die nötige Zeit und kalkuliere hier lieber etwas großzügiger mit einem ausreichenden zeitlichen Puffer, damit du am Ende nicht in Schwierigkeiten mit dem Abgabedatum kommst.

Tipp: *Eine empirische Untersuchung basiert immer auf erhobenen Daten, ob durch eine Studie, durch einen Fragebogen oder durch eine Beobachtung.*

Eng mit deiner wissenschaftlichen Arbeit verbunden ist übrigens auch das „analytische Denken". Wahrscheinlich ist das einer der ersten Begriffe, die dein Betreuer bei euren Gesprächen rund um deine wissenschaftliche Arbeit genutzt hat. Wenn du gerade an deiner ersten Arbeit schreibst, wird dich dieses Stichwort ähnlich verwirren wie das „wissenschaftliche Arbeiten“. Allerdings sind beide Begriffe eng miteinander verbunden und ihre Bedeutung ist recht ähnlich. Insofern musst du dir keine großen Gedanken machen, was man unter analytischem Denken versteht, denn du wirst es bei der Erstellung deiner Arbeit automatisch tun. Solltest du hier vom richtigen Weg abkommen, dürfte dir dein Betreuer einen unmissverständlichen Hinweis geben. Aber was ist nun dieses analytische Denken?

Unter analytischem Denken versteht man im Prinzip die Betrachtung einer Fragestellung aus verschiedenen Blickwinkeln. Das folgende Beispiel aus der Praxis mag dir verdeutlichen, was man darunter versteht. Stelle dir vor, du möchtest eine neue Sportart lernen. Du bist allerdings noch nicht ganz sicher, welche Sportart es sein soll. Du begeisterst dich für viele Dinge, sodass du mehrere Möglichkeiten hast.

Gehst du nun analytisch an die Fragestellung nach deinem neuen Lieblingssport heran, bewertest du sie unter verschiedenen Gesichtspunkten. Was kostet dein Sport im Monat? Wo übst du ihn aus? Welches Wissen ist dazu erforderlich? Welche Ausrüstung benötigst du? Wie häufig kannst du trainieren? Du untersuchst deine Frage nach deinem neuen Sport also aus verschiedensten Blickwinkeln heraus. Dabei helfen dir sogenannte offene Fragen. Das sind Fragen, die du nicht so einfach mit „Ja“ oder „Nein“ beantwortest, sondern etwas ausführlicher.[8]

Ganz ähnlich verhält es sich mit dem analytischen Denken. Die Fragestellung, die du im Rahmen deiner wissenschaftlichen Arbeit beleuchtest, wirst du aus verschiedenen Blickwinkeln betrachten.

Du stellst zum Beispiel eine bestimmte Behauptung auf, die du untermauern willst. Du betrachtest zuerst die Ausgangslage, wie du sie zum Beispiel in der Literatur findest. Anhand der Ausgangslage leitest du deine Frage für deine Arbeit ab. Diese wirst du unter verschiedenen Gesichtspunkten analysieren. Dabei gehst du logisch vor. Du baust deine Argumentation aufeinander auf. Dabei gehst du von leichten und nahe liegenden Gedanken zu komplexen Überlegungen. Du analysierst also den Kern deiner Arbeit und betrachtest sie aus verschiedenen Richtungen. Am Ende kommst du zu einem Ergebnis und bestätigst deine These – oder du lehnst sie ab.

Fazit: Du kennst jetzt fünf wichtige Begriffe, die dir rund um deine erste wissenschaftliche Arbeit immer wieder begegnen. Natürlich gibt es noch eine Reihe anderer Stichworte, die dein Betreuer, dein Professor und andere Studierende immer wieder verwenden. Vielleicht hörst du auch in der einen oder anderen Vorlesung oder in einem Seminar einen Fachbegriff, der dir noch nichts sagt. Das ist völlig normal und kein Grund zu verzweifeln. Wissenschaftliches Arbeiten ist eine Tätigkeit wie viele andere, sie will gelernt und geübt werden. Deine Bachelorarbeit bietet dir dazu die besten Möglichkeiten, und sie bereitet dich auch vor auf folgende Ausarbeitungen wie zum Beispiel deine Masterarbeit.

Im nächsten Kapitel beschäftigen wir uns mit der Strategie deines Textes. Auch sie ist wichtig, damit du am Ende bei der Abgabe sagen kannst: Mission erfüllt.

2.3 Was hat es mit der Textstrategie auf sich?

Schon der Begriff mag dich im ersten Augenblick abschrecken, denn wie kann ein Text eine Strategie haben? Musst du bei der Erstellung deiner Arbeit etwa eine Strategie entwickeln und verfolgen? Musst du strategische Überlegungen anstellen, bevor du mit dem Schreiben beginnst?

Tatsächlich solltest du dir vor dem Schreiben kurz überlegen, welche Strategie hinter deinem Text steht. Das ist allerdings gar nicht so schwer. Du erstellst eine wissenschaftliche Arbeit und damit ist deine Strategie im Prinzip vorgegeben. Wie du schon weißt, versteht man unter wissenschaftlichem Arbeiten die Betrachtung eines Themas aus verschiedenen analytischen Blickwinkeln. Du sollst dabei sachlich und objektiv schreiben und eine Fragestellung anhand von neutralen Fakten überprüfen. Mit deiner wissenschaftlichen Arbeit schreibst du also einen Sachtext. Er muss aussagekräftig sein und darf auch gerne in einem angenehmen Schreibstil, in sauberer Grammatik und in flüssiger Formulierung gehalten sein. Dein Betreuer hat dann ebenso wie dein Professor einfach mehr Freude am Lesen und Korrigieren.

Neben einem sachlich-nüchternen Schreibstil gibt es aber noch andere Stile. Für eine Broschüre oder einen Verkaufstext schreibst du werblich. Du willst dein Produkt vermarkten und potenzielle Käufer ansprechen. Du musst Bedarf für das Produkt wecken und dem potenziellen Käufer vermitteln, dass dieses eine Produkt die Lösung für alle seine Probleme darstellt. Dazu greifst du unter Umständen sehr tief in die Werbekiste und preist dein Produkt nach allen Regeln der Kunst an. In diesem Fall verfolgt deine Textstrategie einen werblichen Ansatz.

Vielleicht willst du aber auch literarisch oder poetisch aktiv werden. Unter Umständen entdeckst du bei deiner Arbeit die Freude am Schreiben und erstellst irgendwann deinen ersten Roman. Vielleicht schreibst du ein Gedicht oder einen Text für ein Lied. Auch das ist eine Textstrategie. Mit einem Roman entführst du deinen Leser in eine fiktive Welt, mit einem Gedicht sprichst du vielleicht eher die romantische oder die düstere Seite seines Wesens an. Auf jeden Fall ist es leicht nachzuvollziehen, dass ein literarischer oder ein poetischer Text eine ganz andere Ausdrucksweise und Wortwahl benötigt als ein wissenschaftlicher Text.

Mit deinem Ziel, eine wissenschaftliche Arbeit zu schreiben, bist du also in gewisser Weise auf eine analytische Textstrategie festgelegt. Dein Text wird beschreibende – sogenannte deskriptive – Elemente enthalten und vielleicht ist auch eine empirische Untersuchung darin. Werbung, Poesie oder literarische Stilelemente haben in deiner Arbeit nichts zu suchen. Wenn du dich darin verlierst, wird dich dein Betreuer im besten Fall rechtzeitig darauf hinweisen, damit du deine Arbeit noch einmal umschreibst.

2.4 Was solltest du beim Schreiben vermeiden?

Du hast jetzt eine Menge über das wissenschaftliche Schreiben erfahren. Du ahnst sicher schon, dass es eine Reihe von Dingen gibt, die du unbedingt umgehen solltest, damit dein Text wissenschaftlichen Ansprüchen genügt. Zwar weißt du schon, dass du faktenbasiert, objektiv und sachlich bleiben sollst. Du hast erfahren, dass du analytisch vorgehen musst. Aber was solltest du vermeiden? In diesem Kapitel erfährst du mehr über die Stolpersteine, die dir bei deiner ersten wissenschaftlichen Arbeit im Weg liegen könnten.[9]

Einer der größten Fehler in deiner Bachelorarbeit ist ein subjektiver Schreibstil. Deine eigene Meinung ist natürlich wichtig, denn schließlich hast du dir hoffentlich ein Thema ausgesucht, für das du dich begeisterst – doch leider hat sie in deiner wissenschaftlichen Arbeit nichts verloren! Vermeide es unbedingt, deine subjektive Meinung in deine Arbeit aufzunehmen, auch wenn es dich noch so sehr reizt! Bist du nämlich erst einmal in diesem Fahrwasser und so richtig in Fahrt, bist du wahrscheinlich nicht mehr zu bremsen. Das ist völlig normal und in Ordnung – nur nicht für deine wissenschaftliche Arbeit! Versuche von Anfang an auf einen entsprechend neutralen Stil beim Schreiben zu achten. Bist du dir nicht sicher, ob du objektiv unterwegs bist oder schon zu subjektiv formulierst, gib deine Arbeit nach den ersten Seiten zum Beispiel deinen Betreuer zum Lesen. Auch eine andere neutrale Person kann diese Aufgabe für dich übernehmen. Sie sollte dich aber deutlich darauf hinweisen, wenn du sprachlich zu subjektiv formulierst und damit den Pfad des wissenschaftlichen Schreibens verlässt. Das mag vor allem bei einem Thema schwer sein, das dir am Herzen liegt und für das du dich brennend interessierst. Es ist aber auf jeden Fall besser, frühzeitig gegen die Tendenz der Subjektivität gegenzusteuern. Im Nachhinein eine fast vollständige Arbeit auf subjektive Stilelemente zu überprüfen und zu korrigieren, ist äußerst zeitaufwändig und diese Mühe willst du dir sicher sparen.

Auch übermäßige Begeisterung oder gar Pathos hat in deiner Arbeit leider nichts verloren. Sie hängen natürlich eng mit deiner eigenen Meinung zusammen. Denke daran, dass du in deiner Arbeit nicht danach gefragt wirst, ob dir ein Thema, eine Fragestellung oder eine Entdeckung gefällt. Du willst auch keine Werbung für ein Produkt machen. Bemühe dich deshalb durchgängig, neutral zu bleiben und enthalten dich allen Wertungen rund um die Ergebnisse, die du herausfindest.

Fast unnötig zu erwähnen ist sicher, dass Polemik auch nicht in deine Arbeit gehört. Sie fällt ebenfalls unter das Stichwort „Subjektivität", ist aber eher das Gegenteil von Begeisterung. Vermeide unbedingt polemische oder auch politische Äußerungen aller Art. Leider schleichen sich solche Formulierungen schon mit einzelnen Worten leicht in einen Text ein. Das gilt umso mehr, wenn du eifrig am Schreiben bist und gerade so richtig im Fluss bist. Dann verliert man im Überschwang leicht das Gefühl für das richtige Maß der Dinge und ist schnell bei einem subjektiven Schreibstil, der je nach Thema auch Elemente der Polemik aufweisen kann. Ein neutraler Leser sollte dich auf solche Elemente aufmerksam machen und dich darauf hinweisen, dich objektiv und sachlich auszudrücken, selbst wenn ein Umstand nicht deiner persönlichen Meinung entspricht. Geht es um einen Sachverhalt, den du selbst aus persönlichen, ethischen oder moralischen Gründen ablehnst, denke daran, dass du gehalten bist, wissenschaftlich zu arbeiten. Dazu gehört ein gewisser Abstand zu den Dingen. Versuche, dir das immer vor Augen zu führen und hinterfrage dich gerne auch selbst recht kritisch, wenn du das Gefühl hast, dass dir die nötige Objektivität fehlt. Dann bist du auf einem guten Weg, die schlimmsten verbalen Ausrutscher in deiner wissenschaftlichen Arbeit zu vermeiden.

Fazit: In diesem Kapitel hast du viel über das wissenschaftliche Schreiben erfahren. Du weißt, was man darunter versteht und hast die wichtigsten Begriffe kennengelernt. Vor allem hast du einen Einblick in die sprachlichen Fehler erhalten, die dir im Eifer des Gefechts vor allem am Anfang leicht unterlaufen. Im nächsten Kapitel geht es um die Grundlagen des wissenschaftlichen Schreibens. Ganz sicher lernst du hier das eine oder andere, was dir nicht nur bei deiner Bachelor- oder Masterarbeit hilft, sondern was du auch im weiteren Verlauf deines Studiums brauchst.

3. Grundlagen des wissenschaftlichen Schreibens

Bevor du mit dem Schreiben beginnst, lohnt sich ein Blick auf die wichtigsten Grundlagen. Sie helfen dir dabei, dich in die Thematik einzufinden. Gerade der Anfang ist häufig etwas schwer, deshalb lohnt es sich, dass du dich genauer mit den Grundlagen beschäftigst. Sie sind bei genauerem Hinsehen gar nicht so langweilig, wie es im ersten Augenblick aussehen mag!

3.1 Wie funktioniert das Zeitmanagement beim Schreiben?

Sobald du ins Berufsleben einsteigst, solltest du dir ein effektives Zeitmanagement aneignen. Das klingt wenig spannend, aber wenn du deine Zeit nicht ordentlich einteilst, bist du bald völlig überfordert und bringst deine Arbeit nicht zu Ende! Ein überfülltes E-Mail-Postfach, das klingelnde Telefon, die eilige Präsentation für den Chef und der nervende Kollege sind nur einige der Herausforderungen, die dir später am Arbeitsplatz wahrscheinlich regelmäßig begegnen. Je früher du lernst, was Time Management ist, wie du es in der Praxis anwendest und es am besten auch gleich für dich und deine persönlichen Eigenarten verfeinerst, desto schneller kannst du diesen Teil des Lernens hinter dir lassen und dich voller Begeisterung auf deine Arbeit stürzen. Eng mit dem Zeitmanagement verbunden sind übrigens auch klare Strukturen. Aber warum brauchst du das als Student?

Stelle dir einmal folgende Situation vor: Zum erfolgreichen Abschluss deines Studiums fehlt dir nur noch deine Bachelorarbeit. Du weißt, dass du sie in sechs Monaten abgeben musst. Das ist natürlich eine Ewigkeit, also lässt du dir erst einmal genügend Zeit. Du genießt das Leben, schließlich hast du alle Klausuren bestanden und musst nur noch deine Arbeit vorlegen. Vielleicht fährst du in Urlaub, vielleicht besuchst du Freunde. Ehe du dich umsiehst, ist der erste Monat deiner Zeit schon vorbei. Immerhin hast du noch fünf Monate, also besteht kein Grund zur Panik. Da entdeckst du eine Stellenausschreibung als Aushilfe, die du gerne annimmst. Es schadet ja nichts, das schmale Budget eines Studenten aufzubessern und etwas Geld nebenher zu verdienen. Du bewirbst dich und bekommst den Job. Natürlich fängst du so schnell wie möglich an und nach ein paar Wochen bist du absolut fit und weißt, das man von dir verlangt. Die erste Überweisung ist auch schon da, sie motiviert dich noch mehr, am Ball zu bleiben. Leider sind in der Zwischenzeit weitere acht Wochen vergangen, sodass du nur noch drei Monate Zeit für deine Bachelorarbeit hast. Deine Studienkollegen sind schon deutlich weiter, und du wirst nun langsam nervös. Jetzt heißt es, drei Monate lang die Füße in die Hand zu nehmen, das Thema zu konkretisieren, die Literatur auszuwerten und die Arbeit zu schreiben. Du darfst fast sicher sein, dass du in diesen drei Monaten keine Zeit mehr für irgendetwas anderes hast. Nebenjob, Familie, Freunde und Co. müssen nun leider auf dich verzichten, weil du an deiner Arbeit schreibst. Die eine oder andere Nachtschicht steht auch an, aber irgendwann hast du es dann hinter dir. Deine Arbeit gibst du am letzten Tag ab, nachdem du zuvor noch eine Nacht durchgearbeitet hast. Du bist froh, dass du das alles geschafft hast. Trotzdem fragst du dich in einem ruhigen Augenblick sehr selbstkritisch, ob dieser Stress nötig gewesen wäre. Die ebenso einfache wie vorhersehbare Antwort lautet: Mit einem durchdachten Zeitmanagement hättest du dir diesen Stress in den letzten Monaten erspart! Doch wie gehst du dein Zeitmanagement am besten an?

In der Literatur gibt es ebenso wie im Internet unzählige Tipps und Tricks rund um ein effektives Zeitmanagement.[10] Am besten schaust du dir ein paar Methoden an und suchst dir den Weg heraus, der dir am besten gefällt. Wahrscheinlich kommst du nicht mit jedem Instrument gut klar, aber wenn du dein Tool erst einmal gefunden hast, wird es dich bei deinem Zeitmanagement sehr unterstützen. Du brauchst es nämlich nicht nur, um deine Bachelorarbeit rechtzeitig abzugeben. Time Management hilft dir bei unglaublich vielen Dingen, es gehört in unserem turbulenten Alltag einfach dazu. Je früher du dich daran gewöhnst, desto besser ist es.

Eng mit deinem Zeitmanagement verbunden sind auch klare Strukturen beim Arbeiten. Wenn zum Beispiel die Recherche der Literatur ansteht und du dabei zum Teil auf das Internet als Quelle zurückgreifst, besteht schnell die Gefahr, dass du dich verzettelst. Vielleicht schaust du zwischendurch auf Facebook, du suchst nach neuer Sportkleidung oder du lässt dich durch andere Dinge ablenken. Aus einer Stunde Recherche werden dann schnell zwei und drei Stunden und am Ende hast du nichts erreicht.

Um das zu vermeiden, lohnt sich ein Stundenplan, an den du dich dann auch konsequent hältst. Der Stundenplan gibt dir die Struktur, er ist praktisch dein Fahrplan bis zur Abgabe deiner Arbeit. In der Praxis sieht das zum Beispiel so aus:

Angenommen, du hast für die Erstellung deiner Bachelorarbeit sechs Monate Zeit. Du fängst ganz von vorne an, das heißt, du musst dein Thema suchen, Literatur beschaffen und auswerten, dich in die Thematik einlesen, deine Fragestellung ableiten, die Gliederung erarbeiten, den Text schreiben und formatieren und vielleicht noch eine kleine empirische Untersuchung durchführen. Ohne einen stringenten Fahrplan, der dich in den nächsten sechs Monaten begleitet, bist du vermutlich ziemlich verloren. Was also ist zu tun?

Beginne damit, alle Aufgaben aufzuschreiben, die du rund um deine wissenschaftliche Arbeit erledigen musst. Frage dazu gerne auch bei deinem Betreuer nach oder unterhalte dich mit Studierenden, die schon eine Arbeit geschrieben haben. Vergiss nicht, alle Aufgaben zu notieren, damit du sie immer vor Augen hast. Dazu kannst du natürlich ein Onlinetool oder eine App verwenden, du kannst aber auch mit Zettel und Stift arbeiten.

Sind die Aufgaben notiert, bringst du sie in eine Reihenfolge. Sie muss chronologisch aufeinander aufbauen. So entsteht eine Liste der Dinge, die du in den nächsten Monaten Schritt für Schritt erledigen musst. Sobald die Liste fertig ist, überlegst du, wie lange du pro Aufgabe benötigst. Einige Dinge sind schnell zu erledigen und nach einem Tag fertig, für andere wirst du mehrere Tage oder sogar Wochen benötigen. Das eine oder andere kannst du parallel erledigen, andere Dinge müssen zuerst beendet sein, bevor du mit einer anderen Aufgabe beginnst. Das Ergebnis deiner Überlegung ist ein Fahrplan für die nächsten Monate, der dir unmissverständlich zeigt, was du zu tun hast. Die Aufgaben für den ersten Monat verteilst du nun noch auf die nächsten vier Wochen. Für die Monate danach ist noch keine detaillierte Planung nötig, denn hier wird sich das eine oder andere im Lauf der Zeit sicher noch ändern. Vielleicht musst du Aufgaben aus dem ersten Monat in den zweiten Monat überführen, vielleicht erledigt sich die eine oder andere Aufgabe aus dem zweiten oder dritten Monat auch schon vorher. In diesem Fall streichst du sie von deiner Liste. Wichtig ist, dass du jederzeit einen Überblick über deine geplante Aufgaben und den Zeitpunkt hast. Spätestens jetzt wird dir auch klar, warum eine schriftliche Planung so wichtig ist, – nur so bist du sicher, dass nichts in Vergessenheit gerät.

Auf das Ergebnis deiner Bemühungen darfst du mit Recht stolz sein! Du hast jetzt das gute Gefühl: Wenn du diese Aufgaben der Reihe nach sorgfältig abarbeitest, hältst du am Ende deine erste wissenschaftliche Arbeit in der Hand. Jetzt musst du dir nur noch überlegen, wie du deine Aufgaben Tag für Tag in deinen Alltag einbaust. Schließlich will deine gut überlegte Planung ja auch umgesetzt werden. Hier hilft dir nur eines: Disziplin und Durchhaltevermögen. Aber keine Angst – was im ersten Augenblick langweilig klingt, beschert dir schon bald das eine oder andere Erfolgserlebnis!

Beginne damit, dir jeden Tag zwei bis drei Stunden für deine Arbeit zu reservieren. Das kann der Vormittag oder der Nachmittag sein, manche Menschen arbeiten auch gerne am Abend. Du kannst dich gerne nach deinem Bio-Rhythmus richten und dann arbeiten, wenn du besonders leistungsfähig bist. Verbanne in dieser Zeit alle Ablenkungen, schalte dein Handy lautlos, schließe die Tür hinter dir und konzentriere dich ausschließlich auf das, was du tun willst. Stellst du am Ende der ersten Woche fest, dass die geplante Zeit pro Tag nicht ausreicht, erweiterst du deinen Zeitraum pro Tag in der kommenden Woche. Bist du schneller fertig, hast du dir eine kleine Belohnung verdient, dann kannst du die Bücher für heute aus der Hand legen. So arbeitest du dich Schritt für Schritt vor! Denke daran, deine Planung gelegentlich zu justieren und auch den gesteckten Zeitrahmen zu prüfen und anzupassen. Du hast damit einen fundierten und sorgfältig erarbeiteten Zeitplan, der dir in dieser spannenden Zeit die nötige Struktur gibt und der dich sicher zum Erfolg bringt!

Eine der ersten Aufgaben in deinem Zeitplan ist die Themenfindung und die Literaturrecherche. Was es damit auf sich hat, erfährst du im nächsten Kapitel.

3.2 Wie findet man das richtige Thema?

Zuerst kommt es dir wie ein unlösbares Problem vor: Über welches Thema sollst du deine Bachelorarbeit schreiben? Sobald du dich aber etwas näher mit dieser Frage beschäftigst, kommt dir sicher schnell die eine oder andere Idee. Wichtig ist: Dein Thema soll dich begeistern! Das ist häufig leichter gesagt als getan, denn vielleicht hast du als Student noch gar keinen thematischen Schwerpunkt ausfindig gemacht, der dich fesselt und mit dem du dich eine längere Zeit intensiv beschäftigen willst.

Es ist allerdings wichtig, dass du für dein Thema brennst. Denke daran, dass du dich mehrere Wochen und Monate intensiv damit auseinandersetzt. Du musst es nach wissenschaftlichen Kriterien bewerten, du sollst eigene Ideen entwickeln, vielleicht eine kleine Untersuchung durchführen und wirst wochenlang über dieses Thema schreiben. Deshalb solltest du unbedingt darauf achten, dass du deiner Fragestellung etwas abgewinnst. Das erleichtert dir das Schreiben und es ist schlicht einfacher, wenn dir dein Thema am Herzen liegt. Selbst dein Professor spürt, ob du mit Leidenschaft bei der Sache bist oder nicht! Versuche deshalb, dir ein Thema zu suchen, das dir wirklich gefällt. Aber wie gehst du hierbei vor?

Es gibt mehrere Wege, die dich zu dem Thema deiner wissenschaftlichen Arbeit führen.[11] Vielleicht hast du in der Vergangenheit den einen oder anderen Workshop oder ein Seminar belegt, in dem eine bestimmte Fragestellung nicht vertieft wurde. Vielleicht wurde hier ein Thema nur oberflächlich angerissen, das dich sehr interessiert. Unter Umständen sind dir weiterführende Fragen in den Sinn gekommen, die du beleuchten willst. Gelegentlich wird auch in einer Vorlesung ein Thema angesprochen, das du dir näher ansehen willst. Möglicherweise nennt dir auch dein Betreuer eine Fragestellung, die er aus seiner Sicht betrachtet haben will.

Es gibt also eine ganze Reihe von Wegen, wie eine bisher noch nicht vertiefte Fragestellung ausfindig gemacht werden kann. Natürlich kannst du auch die gängige Fachliteratur durchforsten, bis du dort ein spannendes Thema findest. Ein guter Anhaltspunkt ist sicher die Literatur, die du für die letzten Vorlesungen gelesen hast. Darin ist sicher das eine oder andere Thema zu finden, das noch nicht erschöpfend behandelt wurde. Lies dich in die Thematik ein und finde heraus, wo sich deiner Einschätzung nach eine noch offene Frage ergibt.

Bevor du nun aber sofort beginnst, sprich zuerst mit deinem Betreuer. Er gibt dir mit Sicherheit einen wichtigen Hinweis, ob du auf dem richtigen Weg bist oder ob du deine Fragestellung noch einmal überdenken sollst. Vielleicht betrachtet er deinen Ansatz auch als Anregung, die er dann selbst aufgreift. Auf jeden Fall solltest du darauf vorbereitet sein, dass sich aus deinem Vorschlag zuerst eine Diskussion ergibt. Sie ist wahrscheinlich ergebnisoffen, das heißt, dass dein Betreuer durchaus offen ist für deine Vorschläge. Versuche allerdings nicht, ein Thema durchzusetzen, wenn dein Betreuer sich davon nicht überzeugt zeigt. Er hat meist einen recht guten Überblick über die Thematik und weiß, wo genügend Forschungsbedarf besteht und welche Fragestellung nicht genug für eine Bachelor- oder Masterarbeit hergibt.

Denke auch daran, dass du zeitlich bei deiner Arbeit begrenzt bist. Du schreibst eine Bachelor- oder Masterarbeit, aber noch keine Doktorarbeit. Vielleicht hat dir dein Professor sogar einen bestimmten Umfang an Seiten vorgeschrieben, den du nicht überschreiten sollst. Damit bist du gezwungen, dich auf das Wesentliche zu beschränken. Deine Fragestellung muss also einzugrenzen sein, damit du dich nicht in unwichtigen Fragestellungen verlierst und am Ende das Thema verfehlst. Es kann durchaus eine Weile dauern, bis dein Thema richtig formuliert ist und nicht mehr verändert wird. Verliere in dieser wichtigen Phase nicht den Mut, sondern bleibe am Ball und suche den Austausch mit deinem Betreuer, bis deine Fragestellung schließlich herausgearbeitet ist.

Eine enorme Bedeutung bei der Suche nach deinem Thema spielt die Recherche nach der passenden Literatur. Am besten beginnst du mit einem oder zwei Lehrbüchern, die du schon einmal für eine Vorlesung oder für ein Seminar verwendet hast. Darin ist in der Regel auch weiterführende Literatur aufgeführt. Häufig ist auch ein Literaturverzeichnis vorhanden, das dir ebenfalls Anregungen gibt. Natürlich musst du nicht alle Bücher aus dem Inhaltsverzeichnis besorgen und durcharbeiten.

Viel sinnvoller ist es, mit wenigen Büchern anzufangen. Konzentriere dich auf ein oder zwei thematische Schwerpunkte, die dir aufgefallen sind oder die dich besonders angesprochen haben. Zu diesen Schwerpunkten suchst du dir dann deine weiterführende Literatur. Du findest wahrscheinlich schon nach einem kurzen Einlesen das eine oder andere Thema, das du für deine Arbeit nehmen kannst und das du darin vertiefend behandelst. Achte darauf, dich nicht von der Vielzahl der Quellen abschrecken zu lassen. Häufig ist es am Anfang schwierig, die richtige Literatur auszuwählen.

Im Grunde gibt es hier kein „richtig“ oder „falsch“. Ausschlaggebend ist zunächst nur das Thema, das dich interessiert.

Ist dein Thema gefunden, musst du sowieso tiefer in die Recherche und die Suche nach der passenden Literatur einsteigen. Es ist also nicht schlimm, wenn du dich am Anfang auf ein oder zwei Bücher konzentrierst, die du besonders ansprechend findest. Ein guter Ansatzpunkt für deine Suche ist übrigens der Titel. Sieh dir also die aufgeführten Quellen im Literaturverzeichnis deines Lehrbuchs an und suche dir dann höchstens zwei Bücher heraus, deren Titel dich besonders anspricht. Besorge dir diese Bücher, arbeite sie durch und mache dir Notizen zu weiterführenden Fragestellungen, die dich besonders interessieren. Drei bis fünf Themen sind eine gute Größenordnung, damit kannst du weitermachen. Versuche, nicht zu viele Themen zu sammeln, denn das macht dir die Auswahl deines Favoriten sehr schwer. Eine Größenordnung von höchsten fünf Themen kannst du noch gut überblicken und auch mit deinem Betreuer besprechen. Vielleicht schaffst du es sogar, dich auf drei Vorschläge zu konzentrieren.

Mit diesen Vorschlägen gehst du dann zu deinem Betreuer und diskutierst sie mit ihm. Relativ schnell wird sich herausstellen, wo seine Präferenzen liegen. So näherst du dich Schritt für Schritt dem endgültigen Thema deiner wissenschaftlichen Arbeit. Jetzt bist du schon ein gutes Stück weiter auf deinem Weg. Du hast dein Thema selbst erarbeitet und mit deinem Betreuer abgestimmt. Du hast einen ersten Einblick in die Literatur bekommen und hast eine Vorstellung, was inhaltlich auf dich zukommt.

Im nächsten Kapitel erfährst du mehr über das wichtige Thema des Zitierens. Wie du schon weißt, darfst du fremdes Gedankengut nicht als dein eigenes darstellen. Deshalb ist es so wichtig, alle Inhalte aus Büchern oder aus dem Internet als solche zu kennzeichnen. Es gibt unterschiedliche Stile des Zitierens, und sie alle haben Vor- und Nachteile.

3.3 Welche Zitationsstile gibt es?

Das Thema für deine wissenschaftliche Arbeit steht nun fest, du hast dich im besten Fall für etwas entschieden, was dich selbst interessiert. Wahrscheinlich bringst du selbst schon eine Menge an Wissen ein, vielleicht kannst du sogar auf persönliche Erfahrungen zurückgreifen, die sich ebenfalls einarbeiten lassen. Das allein reicht aber noch nicht aus, denn du musst deine Arbeit um fundierte Grundlagen mit wissenschaftlichem Hintergrund erweitern. Du wirst Gedankengänge ausarbeiten, eigene Ideen entwickeln und Schlussfolgerungen ziehen. Wahrscheinlich ergänzt du deine Ergebnisse um Tabellen oder grafische Darstellungen, sie dienen als optische Aufwertung und sollen ein besseres Verständnis erwirken. Obwohl du sicher schon eine Menge an Wissen über dein Thema hast, kommst du um eine Prüfung der gängigen Fachliteratur und um eine Erweiterung deines Wissens nicht herum. Wann immer du Wissen in deiner Arbeit einbringst, das nicht von dir stammt, musst du zitieren. Jedes Wissen aus fremden Quellen ist also als solches zu kennzeichnen.

Dazu gibt es mehrere Varianten, sie unterscheiden sich leicht hinsichtlich der Form. Am besten klärst du mit deinem Betreuer, welche Zitierform von seiner Seite bevorzugt ist.

Es ist äußerst lästig, wenn du die ersten Kapitel deiner Arbeit geschrieben hast und plötzlich eher zufällig erfährst, dass dein Professor einen anderen Zitationsstil bevorzugt. Dann musst du deine Arbeit umschreiben, was dich Zeit und Mühe kostet. Es ist also in deinem eigenen Interesse, gleich am Anfang zu klären, welcher Zitationsstil gewünscht ist. Achte bitte unbedingt darauf, den einmal gewählten Stil in deiner ganzen Arbeit beizubehalten und nicht zwischen den Varianten zu wechseln. Das sieht optisch nicht gut aus und führt ebenfalls dazu, dass du am Ende noch einmal nacharbeiten musst, um überall die gleiche Form anzuwenden.

Zitate sind zu unterscheiden nach wörtlicher und nach sinngemäßer Aufführung. Man spricht in diesem Zusammenhang auch von einem direkten oder einem indirekten Zitat. Doch wie unterscheiden sie sich und wie kennzeichnest du sie in deinem Text?

3.3.1 Was bei einem direkten Zitat zu beachten ist

Unter einem direkten Zitat versteht man ein Zitat, bei dem der zitierte Wortlaut unverändert übernommen wird. Du schreibst also Wort für Wort bei deiner ursprünglichen Quelle ab. Du kopierst die Schreibweise, du fügst nichts hinzu und lässt nichts weg. Solltest du doch etwas ändern, machst du deine Änderung kenntlich, indem du sie in eckige Klammern setzt.

Direkte Zitate solltest du möglichst selten verwenden. Zum einen wird fast immer ein gewisser Stilbruch deutlich, denn das Zitat wird hinsichtlich der Ausdrucksweise nicht mit deinem Stil identisch sein. Der Leser wird mehr oder weniger aus deinem Stil herausgerissen und muss sich an den Stil des zitierten Autors gewöhnen. Das stört den Lesefluss und wirkt insgesamt häufig wenig harmonisch.

Überlege dir einmal, wie es auf dich wirkt, wenn du einen Text aufmerksam verfolgst und dir der Stil des Autors sogar gefällt und du plötzlich durch ein wörtliches Zitat abgelenkt wirst. Einen solchen Stilbruch solltest du nach Möglichkeit vermeiden. Zum anderen entsteht vielleicht auch der Eindruck, dass du die Thematik kaum verstanden hast und nicht in der Lage bist, einen Zusammenhang mit eigenen Worten darzustellen. Du darfst sicher sein, dass das bei deinem Professor keinen guten Eindruck hinterlässt. Im Einzelfall ist ein wörtliches Zitat also angebracht, allerdings solltest du damit sparsam umgehen.

Optisch ist das direkte Zitat durch Anführungszeichen gekennzeichnet. Außerdem nennst du die Quelle, in der du dein Zitat gefunden hast. Die häufigsten Zitierarten sind die Harvard-Zitierweise, die APA-Zitierweise und die deutsche Zitierweise.[12] Verwendest du die Harvard-Zitierweise, führst du den Autor mit dem Jahr der Buchveröffentlichung und die jeweilige Seite, auf der das Zitat steht in Klammern auf. Ein korrektes Harvard-Zitat sieht so aus:

„In Berlin gibt es viele schöne Sehenswürdigkeiten." (Max Mustermann, 1991, S. 139)

Die Zitierweise nach Harvard nennt man auch die amerikanische Zitierweise. Nutzt du den APA-Stil (die Abkürzung APA bedeutet übrigens American Psychological Association) zum Zitieren, nimmst du den Nachnamen und die Jahreszahl auf, in der das Buch veröffentlicht wurde. Du ergänzt diese Angaben noch mit der Seite:

Max Mustermann (1991) weist darauf hin, dass es „in Berlin viele schöne Sehenswürdigkeiten gibt". (S. 139)

Weitere Möglichkeiten des Zitierens nach APA sehen so aus:

In einer früheren Studie wurde darauf hingewiesen, dass „..."
(Mustermann, 1991).
Mustermann (1991) erläuterte, dass „..."
Im Jahr 1991 hat Mustermann in einer Studie belegt, dass „..."

In den Anführungszeichen steht jeweils der Text, den du Wort für Wort übernimmst.

Besteht deine Quelle aus zwei Autoren, musst du lediglich die Nachnamen durch ein „Und-Zeichen" voneinander trennen. Im Fließtext hingegen wird das Und-Zeichen durch das Wort „und" ersetzt:[13]

Die Forschung deutet darauf hin, dass „hier noch ein großer Bedarf besteht an ..." (Mustermann & Müller 1991).
Mustermann und Müller (1991) legen dar, dass „ein erheblicher Bedarf vorhanden ist an ..." Auch hier kennzeichnen die Anführungszeichen das wörtliche Zitat.

Sind drei oder mehr Autoren zu zitieren, kürzt du nach der Nennung des ersten Namens ab. Du führst also nicht alle Nachnamen auf, sondern nimmst nur den Nachnamen des ersten Autors auf und ersetzt alle anderen durch den Begriff „et al." Diese Abkürzung stammt aus dem Lateinischen und bedeutet „et alii", das heißt „und andere". Dein Zitat sieht dann so aus:

In der Forschung haben die Teilnehmer festgestellt, dass „..."
(Mustermann et al., 1991).
Mustermann et al. (1991) fanden heraus, dass „..."

Die APA ist Herausgeber eines umfassenden Manuals über Formalien, die bei der Gestaltung von wissenschaftlichen Arbeiten einzuhalten sind. Sowohl nach Harvard wie auch nach APA wird die Quelle für dein Zitat also im Text aufgeführt. Das ist vor allem beim schnellen Schreiben relativ angenehm, denn die Buchstaben und die Sonderzeichen gehen dir vermutlich recht schnell von der Hand.

Das deutsche Zitierformat unterscheidet sich von dem Harvard- und von dem APA-Stil. Hier wird dein Zitat durch eine Fußnote angezeigt, sie ist durch eine hochgestellte Nummer gekennzeichnet. Für das erste Zitat in deiner Arbeit vergibst du die Nummer 1, danach wird die Nummerierung immer weiter fortgeführt. Die Fußnote ist am unteren Seitenende angeordnet. Bei der deutschen Zitierweise gibst du ebenfalls den Autor, das Veröffentlichungsjahr und die Seite an, auf der du das Zitat gefunden hast.[14]

Von einem direkten wörtlichen Zitat zu unterscheiden ist ein indirektes oder sinngemäßes Zitat. Auch für das indirekte Zitat kannst du die unterschiedlichsten Zitierstile verwenden.

3.3.2 So arbeitest du mit indirekten Zitaten

Das indirekte Zitat steht für eine sinngemäße Wiedergabe eines Inhalts. Du fasst also die Aussagen einer fremden Quelle mit deinen Worten zusammen. Dabei kannst du einzelne Details auslassen, zusammenführen oder ausführlicher beschreiben. Das indirekte Zitat setzt voraus, dass du den Inhalt voll und ganz verstanden hast. Anderenfalls ist es dir kaum möglich, sinngemäß zu zitieren. Das bedeutet, dass du dich intensiv mit dem jeweiligen Inhalt beschäftigen musst. Im Vergleich zu einem direkten Zitat hat ein indirektes Zitat auch den Vorteil, dass du es in deinem eigenen Stil und in deiner eigenen Ausdrucksweise verfasst. Für den Leser ergibt sich damit ein insgesamt stimmiges Bild, deine Ausführung wirkt in sich „rund“ und vollständig. Vermutlich bevorzugt dein Betreuer schon aus diesem Grund ein indirektes Zitat.

Wie beim direkten Zitat verwendest du auch hier die Zitierweise nach Harvard, nach APA oder die deutsche Form. Bei einem sinngemäßen Zitat stellst du das Wort „vgl.“ für „vergleiche“ voran. Danach nennst du den Autor mit dem Jahr der Veröffentlichung und der Seite, auf der du die Inhalte gefunden hast.

Ein Zitat im Harvard-Stil erkennst du so:

(vgl. Mustermann, 1991, S. 139)

Bei der APA sieht das Zitat so aus:

Mustermann (1991) stellt fest, dass ...

Nach der deutschen Zitierweise nimmst du wiederum eine Fußnote, der du das Wort „vgl.“ voran stellst.[14]

3.3.3 Wie du aus dem Internet zitierst

Bei deiner Arbeit wirst du vermutlich häufiger aus dem Internet zitieren. Bevor du das tust, prüfe die Qualität deiner Quellen genau. Schau dir an, ob es sich um seriös recherchierte Tatsachen handelt, die wissenschaftlichen Ansprüchen genügen. Frage zuvor auch gerne bei deinem Betreuer und deinem Professor, ob sie mit Quellen aus dem Internet einverstanden sind und ob es bestimmte Präferenzen gibt. Es kann durchaus sein, dass er einige Quellen konsequent ablehnt, weil er von der Qualität nicht überzeugt ist. Prüfst du das vorab, kannst du dich von Anfang an darauf einstellen und deine Quellen entsprechend suchen.

Zitate aus dem Internet machst du meist in der deutschen Zitierweise kenntlich. Du fügst eine Fußnote ein und führst dahinter die URL auf. Denke auch an den Zusatz „Abruf vom ...“ mit dem Datum deines Abrufs. Das ist wichtig, denn der Inhalt einer URL kann verändert werden. Prüft man den Inhalt deines Zitats zu einem späteren Zeitpunkt nach und stellt dann fest, dass er sich verändert hat, bist du mit der Angabe des Abrufzeitpunkts auf der sicheren Seite.

Du weißt jetzt, welche Formalien du beim Zitieren beachten musst. Richtiges Zitieren ist durchaus aufwendig, vor allem bei einer längeren Arbeit ist der Aufwand nicht zu unterschätzen. Trotzdem musst du unbedingt sorgfältig arbeiten, denn die Verwendung von fremdem Gedankengut ohne genaue Kennzeichnung kann auch nach vielen Jahren noch dazu führen, dass man dir einen Titel im Nachhinein aberkennt. Gehst du bei der Angabe deiner Quellen mit der nötigen Umsicht vor, wirst du dieses Risiko umgehen.

Tipp: *Um beim Zitieren nicht alles von Hand schreiben zu müssen, gibt es praktische Software, die dich dabei unterstützt. „Citavi“ und „EndNote“ sind hilfreiche Tools zum Erstellen und Organisieren von Quellen. Dabei sind diese Tools meistens kompatibel mit Microsoft Word und als Student teilweise kostenlos erhältlich. Dadurch wird dir das Zitieren und Erstellen des Literaturverzeichnisses einfacher von der Hand gehen. Word selbst bietet auch eine Möglichkeit zur Indexierung von Quellen und Literatur an.*

Fazit: In diesem Kapitel hast du erfahren, worauf es beim korrekten Zitieren ankommt. Die Übersicht deiner Quellen stellst du in deinem Quellen- oder Literaturverzeichnis zusammen. Das ist allerdings nicht das einzige Verzeichnis, das du in deiner Arbeit erstellst. Was du rund um die Verzeichnisse in deiner wissenschaftlichen Arbeit wissen musst, liest du im nächsten Kapitel.

3.4 Welche Verzeichnisse gehören in deine Arbeit?

Schaust du dir die Gliederung einer Bachelor- oder Masterarbeit an, fällt dir vermutlich ein Punkt sofort auf: Hier sind von Inhalts- und Abbildungsverzeichnis die Rede, es geht um ein Tabellen- und Abkürzungsverzeichnis, und das Literaturverzeichnis zieht sich vermutlich sogar über viele Seiten. Die Verzeichnisse spielen beim wissenschaftlichen Schreiben also offenbar eine große Rolle. Doch was versteht man darunter?

In deiner Arbeit nutzt du vermutlich folgende Verzeichnisse:

- Inhaltsverzeichnis
- Abbildungsverzeichnis
- Tabellenverzeichnis
- Abkürzungsverzeichnis
- Literaturverzeichnis

Das Inhaltsverzeichnis und das Literaturverzeichnis sind ein fester Bestandteil deiner Arbeit, ohne sie wird deine Arbeit nicht angenommen. Ob du ein Abbildungs-, ein Tabellenverzeichnis oder ein Abkürzungsverzeichnis benötigst, hängt davon ab, ob du Abbildungen, Tabellen oder Abkürzungen verwendest. In der

Regel ist das allerdings der Fall. Das Inhaltsverzeichnis, das Abbildungs-, das Tabellen- und das Abkürzungsverzeichnis stellst du dem eigentlichen Text deiner Arbeit voran, sie sind also in der Gliederung vor deiner Einleitung zu finden. Das Literaturverzeichnis folgt nach dem Ende deiner Arbeit. Halte diese Reihenfolge ein, sie ist üblich und anerkannt. Die Verzeichnisse erstellst du übrigens erst, wenn du mit dem Schreiben ganz fertig bist. Das ist logisch, denn schließlich wirst du beim Schreiben immer wieder Änderungen vornehmen, neue Abbildungen oder Tabellen einfügen, die Bezeichnungen von Kapiteln ändern oder löschen und auch die Inhalte anpassen, sodass sich die Seitenzahlen verändern.

Die Verzeichnisse machen es deinem Leser leichter, sich schnell in deiner Arbeit zu orientieren. Das Inhaltsverzeichnis entspricht zum Beispiel der Gliederung. Hier führst du die gesamte Gliederung mit der Nummerierung, dem Namen der Kapitel und der Seitenzahl auf. Mithilfe des Inhaltsverzeichnisses erkennt der Leser sofort den Aufbau und die Struktur deiner Arbeit. Er kann direkt zu einem einzelnen Kapitel oder einem bestimmten Thema blättern. Aus dem Inhaltsverzeichnis ist der Aufbau deiner Arbeit zu entnehmen.

Für die Erstellung deiner Bachelorarbeit nutzt du vermutlich ein Textverarbeitungsprogramm (z. B. Microsoft Word). Die meisten Programme geben dir die Möglichkeit, die Überschriften zu formatieren. Sie sehen dann optisch alle identisch aus. Der eigentliche Vorteil dieser Formatierung besteht allerdings darin, dass du aus den Überschriften automatisch ein Inhaltsverzeichnis erstellst und auf der ersten Seite deiner Arbeit einfügst. Änderst du eine Überschrift, fügst du eine Überschrift neu ein oder löschst

du eine Überschrift, musst du lediglich das Inhaltsverzeichnis anpassen oder neu erstellen. Selbstverständlich passt sich dabei nicht nur die Bezeichnung der Überschriften neu an, sondern auch die Seitenzahl. Für die optische Formatierung des Inhaltsverzeichnisses hast du bei den meisten Programmen mehrere Möglichkeiten. Wähle eine schlichte und klassische Variante, das kommt in einer wissenschaftlichen Arbeit besser an als eine verspielte Gestaltung.
Aus dem Abbildungsverzeichnis entnimmt der Leser, welche Abbildungen du in deiner Arbeit verwendest. Abbildungen sind Bilder, Fotografien, Diagramme, Grafiken und alles, was du irgendwie optisch darstellst. Ob und wie viele Abbildungen du in deiner Arbeit verwendest, hängt sehr von deinem Thema und von deinem Schreibstil ab. Es gibt wissenschaftliche Arbeiten, in denen keine einzige Abbildung vorkommt. Der Autor versteht es trotzdem meisterhaft, den Leser in seinen Bann zu ziehen, zu fesseln und zu dem gewünschten Ergebnis hinzuführen. Das ist allerdings eher selten. In rechts- oder geisteswissenschaftlichen Arbeiten findest du vielleicht eher weniger Abbildungen, in wirtschaftswissenschaftlichen Arbeiten sieht das schon anders aus. Hier geht es meist nicht ohne Abbildungen. Mit einer Abbildung verdeutlichst du einen Inhalt und bringst ihn optisch auf den Punkt. Abbildungen sind sehr wirksam, um einen Sachverhalt zu erläutern, deshalb sind sie bei Betreuern und Professoren sehr beliebt.

Tipp: *Informiere dich bei deinem Betreuer wie eine Abbildung oder Tabelle betitelt werden soll, dies kann von Uni zu Uni und von Fakultät zu Fakultät unterschiedlich sein. Je nachdem welchen Zitationsstil du verwendest gibt es auch dort Vorgaben die du nutzen kannst.*
Auch Tabellen dienen der Verdeutlichung eines Sachverhalts. Du benötigst sie vor allem, wenn du eine empirische Untersuchung durchgeführt hast. Du stellst die Ergebnisse dann in einer oder mehreren Tabellen zusammen und führst sie vor. Auch Zusammenfassungen lassen sich gut in einer Tabelle präsentieren. Je nach Thema sind Tabellen sehr hilfreiche Stilmittel, um etwas deutlich zu machen und verständlich zu präsentieren.

Das Abkürzungsverzeichnis ergänzt deine Arbeit. Achte darauf, dass du in deiner Bachelor- oder Masterarbeit nur eine überschaubare Zahl von Abkürzungen verwendest. Gerade bei sehr fachlichen und spezifischen Themen geht es aber nicht ohne Abkürzungen. Zu unterscheiden sind gebräuchliche und übliche Abkürzungen von den fachspezifischen Begriffen. In deinem Abkürzungsverzeichnis führst du alle Abkürzungen auf, also sowohl die üblichen wie auch die spezifischen. Trotzdem solltest du es mit Abkürzungen nicht übertreiben. Jede Abkürzung stört den Lesefluss, halte sie deshalb eher in einem überschaubaren Rahmen.
Das Literaturverzeichnis ist ein fester Bestandteil deiner wissenschaftlichen Arbeit. Hier führst du alle Bücher, Magazine, Hefte, Biografien und ähnliches auf, was du für deine Recherche verwendet hast. Dein Literaturverzeichnis zieht sich deshalb über mehrere Seiten. Im Literaturverzeichnis ist jede Quelle mit dem vollständigen Titel, mit den Namen der Autoren, mit dem Jahr und dem Ort der Erscheinung und häufig mit dem Verlag aufgeführt. Achte darauf, dass dein Literaturverzeichnis vollständig ist und wirklich alle

Quellen erfasst sind. Das mag mühsam sein, schützt dich aber vor dem Vorwurf des fehlerhaften Zitierens.
Du hast nun einen ersten Überblick erhalten, was es mit den Verzeichnissen in deiner Arbeit auf sich hat. Unterschätze sie nicht, sie sind ein wesentlicher Punkt in deiner Arbeit. Die Erstellung der Verzeichnisse verlangt genauso viel Sorgfalt wie der gesamte Text. Sie ergänzen deine Arbeit und sind ein fester Bestandteil beim wissenschaftlichen Schreiben.

3.5 Wie filterst du Informationen?

Deine Literaturrecherche nimmt bei deiner wissenschaftlichen Arbeit einen großen Stellenwert ein. Hier sammelst du Informationen aller Art, die du später für die Betrachtung deiner Fragestellung benötigst. Führst du eine empirische Untersuchung durch, ergänzt du diese Informationen noch um deine eigenen Ergebnisse und dein eigenes Wissen. Am Ende erhältst du eine Fülle an Informationen, die mit deinem Thema mehr oder weniger in einem engen Zusammenhang stehen. Dir ist vermutlich schnell klar, dass du nicht alle Informationen in deiner Arbeit verwenden kannst. Schließlich handelt es sich nur um eine Bachelor- oder Masterarbeit, nicht aber um eine Doktorarbeit. Doch wie begrenzt du die Informationen? Wie konzentrierst du dich auf das, was wesentlich ist? Und wie überfrachtest du deine Arbeit nicht mit Informationen, die fachlich nichts mit deinem Thema zu tun haben?

Sobald du beginnst, dich mit der Literatur zu deinem Thema zu beschäftigen und tiefer in die Materie einzutauchen, bist du vermutlich erst einmal überfordert. Du stößt auf unzählige Themen und Fragen, auf Abzweigungen und verwandte Gedankengänge, auf

Unterkapitel und auf Fragestellungen, die zwar interessant sind, aber am Ende doch wenig mit einem Thema zu tun haben. Du musst dich also inhaltlich beschränken. Das ist häufig einfacher gesagt als getan. Trotzdem ist es wichtig, dass du dich in deiner Arbeit nicht verzettelst. Auf der einen Seite musst du dir also einen möglichst vollständigen Überblick über die bestehende Literatur verschaffen, auf der anderen Seite musst du Zahlen, Daten, Fakten und Inhalte eingrenzen. Dazu gibt es ein paar hilfreiche Tipps.

Bewährt hat sich zum Beispiel die Kartenmethode. Früher hat man mit Karteikarten gearbeitet. Für jede Quelle hast du eine Karteikarte angefertigt. Du dokumentierst darauf den Titel, den Namen der Autoren, den Ort und das Jahr der Veröffentlichung und den Verlag. Damit hast du alle wichtigen Daten für dein Literaturverzeichnis erfasst. Zusätzlich führst du auf der Karteikarte in Stichpunkten die Inhalte auf, die du aus dieser Quelle entnehmen willst. Notiere dir dabei die Kapitel und die Seiten, auf denen du dein Wissen gefunden hast.

Heute kannst du die physischen Karteikarten natürlich durch virtuelle Karten ersetzen. Es gibt dazu praktische Tools für deinen Computer. Vielleicht arbeitest du nicht so gerne mit einer knappen Karteikarte. Dann erstellst du für jede Quelle eine eigene Datei. Darin kannst du auch die wesentlichen Inhalte knapp in eigenen Worten zusammenfassen. Diese Vorgehensweise zwingt dich dazu, den Inhalt zu verstehen. Vergiss nicht, die Kapitel und die Seitenzahlen aufzuführen, denn diese Angaben brauchst du später beim Zitieren.

Am besten versuchst du schon in dieser frühen Phase, deine Quelle hinsichtlich der späteren Relevanz für dein Thema einzuordnen. Zur Priorisierung kannst du zum Beispiel eine Zahl vergeben. Eine „1“

wäre dann für den Inhalt deiner Arbeit unverzichtbar, eine Quelle mit einer „3“ verwendest du wahrscheinlich nicht. Wie du bei der Priorisierung vorgehst und welche Methodik du nutzt, bleibt dir und deinen Präferenzen überlassen. Natürlich kannst du dich auch im Internet nach gängigen Tools informieren und diese für die Kennzeichnung deiner Quellen einsetzen.

So bringst du deine Quellen von Anfang an in eine gewisse Ordnung und Priorisierung. Dieses stringente Vorgehen mag am Anfang etwas gewöhnungsbedürftig sein. Du wirst aber spätestens beim Schreiben feststellen, dass sich die frühe Mühe gelohnt hat. Sie spart Zeit, die du zu einem späteren Zeitpunkt wahrscheinlich noch dringend benötigst. Sie hilft dir dabei, deine Literaturquellen bei deiner Recherche nur einmal anzufassen und durchzuarbeiten. Natürlich kannst du anders vorgehen und deine Quellen zu einem späteren Zeitpunkt erst sichten und priorisieren. Das dürfte allerdings mehr Zeit kosten. Denke auch daran, dass du die eine oder andere Quelle aus der Bibliothek ausleihen musst. Das heißt, sie ist zu seinem späteren Zeitpunkt vielleicht gerade nicht verfügbar. Auch deshalb ist es hilfreich, eine Quelle nur einmal zu bearbeiten und den Inhalt sofort zu erfassen und zu priorisieren.

Beim Schreiben deiner Arbeit stellst du die Inhalte entsprechend deiner Priorisierung zusammen. Du stellst dann vermutlich schnell fest, dass deine Arbeit mit den wichtigen Quellen schon gut gefüllt ist, sodass du Quellen mit einer niedrigeren Priorisierung gar nicht erst in deiner Arbeit verwenden musst. Auch dadurch sparst du Zeit, denn es ist relativ aufwendig, wenn du den Inhalt aller Quellen zu einem gesamten Werk zusammenfügst, um dann später wieder viele Seiten zu streichen.

3.6 Wie erstellst du eine Struktur für deine Arbeit?

Du hast die Fragestellung für deine wissenschaftliche Arbeit im Wesentlichen formuliert. Du hast dir einen ersten Überblick über den aktuellen Stand der Literatur verschafft. Du weißt, welche Verzeichnisse in deiner Arbeit nötig sind. Damit näherst du dich einer weiteren wichtigen Aufgabe: der Ausarbeitung der Struktur. Die Struktur führt dich direkt zur Gliederung deiner Arbeit. Sie ist so etwas wie der Fahrplan, den du nun abzuarbeiten hast. Doch wie erstellst du eine Struktur oder eine Gliederung?

Um zu verstehen, wie du am besten vorgehst, hilft dir folgendes Verständnis.[15] Die Anordnung der Verzeichnisse in deiner Arbeit ist vorgegeben. Das Inhaltsverzeichnis, das Abbildungs- und Tabellenverzeichnis steht vor dem eigentlichen Text, das Literaturverzeichnis folgt am Ende deiner Arbeit. Den inhaltlichen Teil musst du nun selbst gliedern und strukturieren.

Im Prinzip besteht deine wissenschaftliche Arbeit aus einer Einleitung, aus dem Hauptteil und der Schlussfolgerung. Häufig bezeichnet man die Schlussfolgerung auch als Fazit. In der Einleitung führst du zum Thema hin. Du stellst dar, warum du deine Fragestellung interessant findest und warum du sie in deiner Arbeit beleuchten willst. Die Einleitung ist dein Einstieg in das Thema, sie hilft auch deinem Leser dabei, sich leicht damit zu befassen. Zusätzlich gibst du dem Leser einen Überblick über den aktuellen wissenschaftlichen Stand an den deine Arbeit anknüpft.

Im Hauptteil arbeitest du deine Fragestellung ab. Du beginnst mit der Schilderung der Ausgangslage. Danach leitest du zur Fragestellung deiner Arbeit hin. Im Anschluss daran erläuterst du, wie du bei der Analyse der Fragestellung vorgehst. Auch eine Darstellung einer Untersuchung gehört in diesen Teil. Solltest du eine empirische Untersuchung durchführen, schilderst du im Anschluss dein Vorgehen und deine Ergebnisse. Am Ende interpretierst du diese Ergebnisse und leitest die Antwort auf deine ursprüngliche Fragestellung ab, dies nennt man dann Diskussion.

Zum Ende schreibst du die Schlussfolgerung oder das Fazit deiner Untersuchung. Wenn sich weiterführende Fragestellungen ergeben, kannst du sie in einem Ausblick aufführen. Das ist nicht zwingend nötig, kann aber deine Arbeit sehr wirkungsvoll ergänzen und in gewisser Hinsicht „Lust auf mehr“ machen. Vielleicht nimmt dein Professor deinen Ausblick sogar als Anhaltspunkt für eine weitere wissenschaftliche Arbeit.

Die Erarbeitung deiner Gliederung verlangt dir einige Sorgfalt ab. Denke daran, sie auch mit deinem Betreuer und deinem Professor abzustimmen. Du bekommst von ihnen wertvolle Hinweise, ob deine Arbeit in die gewünschte Richtung läuft. Sie geben dir Tipps, welche Inhalte sie noch berücksichtigt wissen wollen und ob du zu weit am Thema vorbei denkst. Beachte auch, dass du die Gliederung beim Schreiben Schritt für Schritt abarbeitest. Stellst du auf halbem Weg fest, dass dein Professor eine ganz andere thematische Richtung hinter deiner Fragestellung vermutet hat, musst du jedes Kapitel inhaltlich überarbeiten und vielleicht neu schreiben. Das ist äußerst zeitaufwendig und bringt deinen Fahrplan sehr durcheinander. Im schlimmsten Fall musst du sogar damit rechnen, dass deine Arbeit nicht pünktlich fertig wird. Deshalb solltest du das unbedingt vermeiden.

Es ist viel besser, dir über die Gliederung deiner Arbeit Gedanken zu machen und im Zweifel auch einmal mehr Rücksprache mit deinem Betreuer zu halten als thematisch in die falsche Richtung zu laufen und am Ende zu korrigieren. Deshalb solltest du die Bedeutung deiner Gliederung auf keinen Fall unterschätzen. Im Nachhinein stellst du wahrscheinlich fest, dass die Erarbeitung deiner Gliederung ein wichtiger Meilenstein bei der Erstellung deiner Arbeit war. Steht die Gliederung und ist sie abgestimmt, ist etwa ein Drittel deiner Arbeit schon erledigt, deshalb ist es wichtig, mit der nötigen Sorgfalt und Konzentration an die Sache heranzugehen.

Du hast nun die Grundlagen des wissenschaftlichen Arbeitens kennengelernt. Du weißt, worauf es bei der Erstellung deiner Bachelor- oder Masterarbeit ankommt und was du beachten solltest. Du hast auch schon den einen oder anderen Stolperstein kennengelernt. Nun bist du optimal gerüstet, um dich im nächsten Kapitel im Detail mit dem grundsätzlichen Aufbau einer wissenschaftlichen Arbeit zu beschäftigen.

4. Aufbau einer wissenschaftlichen Arbeit

Eine wissenschaftliche Arbeit ist nach einem genauen Schema aufgebaut. Bevor du also loslegst und deine Gedanken in Worte fasst, solltest du dich zuerst eingehend mit den einzelnen Bausteinen beschäftigen. Jeder Baustein verfolgt nämlich einen bestimmten Zweck, und erst aus der Abfolge entsteht ein in sich geschlossenes und logisches Werk, das den strengen Kriterien deines Betreuers und deines Professors zum wissenschaftlichen Arbeiten standhält. Der Aufbau einer Bachelor- oder Masterarbeit ist vielfach erprobt und aus guten Gründen in einer bestimmten Form vorgegeben, deshalb solltest du dich unbedingt daran orientieren.

Als Einstieg ist es übrigens sehr sinnvoll, dass du dir die eine oder andere Arbeit einmal genauer ansiehst. Vielleicht ist einer der anderen Studierenden bereit, dir seine erste Arbeit zu zeigen und dir eine Kopie zu überlassen. Viele Studenten stellen ihre wissenschaftlichen Arbeiten auch im Internet vor, sodass du sie leicht herunterladen kannst. Am besten druckst du dir das Inhaltsverzeichnis von zwei oder drei Arbeiten aus, legst sie nebeneinander und vergleichst dann. Du stellst fest, dass die Reihenfolge und der Aufbau sehr ähnlich sind. Das liegt eben daran, dass der Aufbau vorgeschrieben ist, weil jeder Absatz zum folgenden Kapitel hinleiten soll.

Als Leser hast du vielleicht schon einmal ein Buch in der Hand gehalten, dass du nach einigen Seiten nicht weiter verfolgt hast. Das passiert leicht, wenn es der Autor nicht schafft, einen Spannungsbogen aufzubauen und den Leser auf seiner Reise mitzunehmen. Schließlich kennst du die Gedankengänge nicht, die der Autor mit sich im Kopf herumträgt. Er muss sie dir plausibel und verständlich darlegen, und dabei ist es wichtig, dass er von leichten Grundlagen zu komplexen Fragestellungen führt. Sonst ist es dir schlicht nicht möglich, ihm zu folgen. Bei aller Spannung wirst du keine Freude an einem Werk haben, bei dem der Autor ständig zwischen den Gedanken hin und her springt, sodass du ihm nicht folgen kannst. Deshalb ist es wichtig, dass ein Kapitel auf das nächste folgt und dass der Inhalt zeitlich und sachlich stimmig aufeinander aufbaut. Sehr schön kannst du das zum Beispiel bei einem Roman nachvollziehen, bei dem es zwischen den Kapiteln zu größeren zeitlichen Sprüngen in die Vergangenheit und in die Zukunft kommt. Du bist dann schon bald kaum noch in der Lage, den Gedankengängen und Irrungen und Wirrungen der Story zu folgen. Genauso verhält es sich mit deiner wissenschaftlichen Arbeit. Ist sie nicht logisch aufgebaut und stimmt der „rote Faden" nicht, verlierst du deinen Leser. Doch welche Kapitel gehören immer zu einer wissenschaftlichen Arbeit und welchen Zweck verfolgen sie?

Eine klassische wissenschaftliche Arbeit besteht aus drei Abschnitten: der Einleitung, dem Hauptteil und dem Fazit.[16] Vor der Einleitung steht das Deckblatt, danach kommt noch das Inhaltsverzeichnis. Auch ein Abbildungs-, Tabellen- und Abkürzungsverzeichnis kann eingefügt werden. Erst danach folgt der eigentliche Inhalt mit der Einleitung. Den Hauptteil unterteilst du noch einmal, denn hier geht es um die wissenschaftliche Betrachtung deiner Fragestellung. Üblich ist zum Beispiel eine Untergliederung in die Ausgangslage, in die Fragestellung, in die Methodik, in die Schlussfolgerung und in den Ausblick. Eine typische Gliederung sieht dann so aus:

I. Inhaltsverzeichnis
II. Abbildungsverzeichnis
III. Tabellenverzeichnis
IV. Abkürzungsverzeichnis

1. Einleitung
2. Ausgangslage
3. Fragestellung
4. Analyse
5. Untersuchung
6. Schlussfolgerung
7. Ausblick
8. Literaturverzeichnis

Das letzte Blatt deiner wissenschaftlichen Arbeit ist bei einer Bachelor- oder Masterarbeit und bei einer Doktorarbeit eine sogenannte Eidesstattliche Versicherung. Sie besagt, dass du die Arbeit ohne fremde Hilfe selbstständig erstellt hast. Die Eidesstattliche Versicherung muss handschriftlich von dir unterschrieben sein.

Was es mit den Verzeichnissen auf sich hat und wie du sie erstellst, hast du schon im Kapitel 3.4 erfahren. Wie du den inhaltlichen Teil mit der Einleitung, dem Hauptteil und der Schlussfolgerung angehst und was diese Kapitel enthalten sollen, erfährst du in den nächsten Abschnitten.

4.1 Was muss in der Einleitung stehen?

Der Begriff „Einleitung" erklärt schon, was im ersten Kapitel deiner Arbeit behandelt wird: Hier führst du zu dem Thema deiner Arbeit hin. Du legst dar, wie du zu deiner Fragestellung kommst, warum sie deiner Meinung nach interessant ist und weshalb du sie für deine Bachelorarbeit ausgewählt hast. Deine Einleitung ist für den Leser der Einstieg in dein Thema, sie dient ihm zur Orientierung.

Unterschätze die Bedeutung einer guten Einleitung nicht! Natürlich geht es auf der einen Seite darum, die Fragestellung sachlich zu erläutern und deine Leser vorzubereiten. Dazu lieferst du einige wichtige Hintergrundinformationen. Vielleicht legst du dar, dass hier noch eine Menge Forschungsbedarf besteht, vielleicht reißt du offene Fragestellungen an.

Auf der anderen Seite sollte es dir aber auch gelingen, deinen Leser für dein Thema zu begeistern. Vergiss nicht, dass er die folgenden 40, 50, 60 oder 100 Seiten nun Schritt für Schritt lesen muss. Das fällt ihm leichter, wenn du Begeisterung für dein Thema weckst! Das gelingt dir natürlich mit einem fesselnden Schreibstil, bei dem du den Spannungsbogen langsam aufbaust und in einem der folgenden Kapitel zu deiner eigentlichen Fragestellung kommst. Je mehr es dir gelingt, den Leser schon in diesem frühen Stadium deiner Arbeit von deinem Thema zu überzeugen und seine Neugier zu wecken, desto leichter hast du es später, wenn es um die theoretischen und wissenschaftlichen Inhalte geht. Es lohnt sich also, ein wenig Zeit und Mühe für die Einleitung aufzubringen, damit dein Leser von deinem Thema überzeugt ist und dich auf deiner Reise durch die Wissenschaft gerne begleitet.

Wenn du dir nicht sicher bist, ob deine Einleitung gelungen ist und ob du auf dem richtigen Weg bist, kannst du deinen ersten Entwurf natürlich gerne einem Testleser zur Korrektur geben. Das sollte jemand sein, der mit deinem Thema gar nichts zu tun hat. Dieser fachfremde Leser sollte schon nach den ersten Zeilen verstehen, worum es geht und was das Ziel deiner Arbeit ist. Gelingt es dir, ihn zu begeistern, hast du deine Arbeit sehr gut gemacht. Gibt er dir vielleicht den einen oder anderen Hinweis, wo du noch ein bisschen fesselnder erzählen kannst oder wie du deine Einleitung noch spannender gestalten kannst, dann mache dir ruhig die Mühe, das Kapitel noch einmal zu ändern! Denke daran, dass der Einstieg sehr wichtig ist, damit dein Leser bereit ist, sich mit dir auf die Reise in die Wissenschaft zu begeben. Das tut er nur, wenn du ihn rundherum überzeugst und eine stimmige und logische Einleitung mit einem gewissen Pfiff erstellst. Ganz nebenbei wird es auch deinem Betreuer und deinem Professor mehr Freude machen, wenn du sie schon in der Einleitung gewinnst und von deinem Thema überzeugst!

Tipp: *Achte unbedingt darauf, noch nicht zu sehr in die fachliche Tiefe zu gehen! Die Gefahr besteht leicht, doch in der Einleitung sind allzu tiefe Details noch nicht erwünscht!*

Diese haben ihren Platz erst in einem späteren Kapitel. In der Einleitung reißt du das Thema an, du greifst die Fragestellung auf und gibst einen kurzen Ausblick auf die nächsten Kapitel. Mehr muss in dieses erste Kapitel deiner Arbeit nicht hinein, denn für den Rest findest du in den folgenden Kapiteln noch genügend Zeit und Raum!

4.2 Wie erarbeitet man die Ausgangslage?

Die Ausgangslage ist in deiner Arbeit in der Regel das zweite Kapitel. Sie bildet die Basis für deine eigene Ausarbeitung. In der Ausgangslage beschreibst du deine Thematik etwas näher. Das ist wichtig, damit deine Leser verstehen, was hinter deiner wissenschaftlichen Überlegung steckt. Doch wie findest du deine Ausgangslage heraus und wie grenzt du sie ein?

Im Grunde ist es relativ einfach, deine Ausgangslage zu skizzieren. Hier geht es nämlich darum, die aktuelle Literatur zu deinem Thema in eigenen Worten zusammenzufassen und vorzustellen. Du weißt ja schon, dass du in deiner wissenschaftlichen Arbeit eigene Ideen einbringen musst. Du wirst eine eigene Analyse starten und daraus Schlussfolgerungen ableiten. Um zu vernünftigen Ergebnissen zu kommen, musst du dich thematisch an einer Basis orientieren. Diese Basis ist die Ausgangslage deiner Arbeit.

Wenn du dir also überlegt hast, worüber du schreiben möchtest und was das Thema deiner Arbeit ist, bringst du diese Gedanken in deiner Ausgangslage zu Papier. In der Beschreibung der Ausgangslage fasst du knapp zusammen, was du an Literatur bisher gelesen und verarbeitest hast. Das hat einen einfachen Hintergrund – in der Ausgangslage bringst du noch keine eigenen Gedanken ein. Du stellst lediglich vor, wie der aktuelle Stand der Wissenschaft zu deinem Thema ist.

Aus welchen Quellen der Stoff für deine Ausgangslage stammt, hängt also davon ab, woraus sich dein Thema ableitet. Wenn du eine Fragestellung aus einem Seminar genauer beleuchtest, entnimmst du den Inhalt für deine Ausgangslage wahrscheinlich aus den Büchern für das Seminar. Stammt dein Thema aus einem Lehrbuch, das du für dein Studium gelesen hast, ist dieses Lehrbuch vermutlich die wichtigste Quelle.

Achte darauf, dass du dich in der Formulierung deiner Ausgangslage nicht zu sehr verzettelst. Versuche, dich auf das Wesentliche zu konzentrieren. Sobald du beginnst, die aktuelle Literatur zu sichten, stellst du vermutlich schnell fest, dass dein Vorgehen einem „Fass ohne Boden" gleicht. Hast du einmal angefangen, ist es schwierig, irgendwie zu einem Ende zu kommen und sich auf die maßgeblichen Inhalte zu konzentrieren. Wie du dazu vorgehst und wie du deine Literatur eingrenzt, hast du schon im Kapitel 3.5 erfahren. Bist du dir unsicher, ob deine Ausgangslage zu umfassend erläutert ist, kannst du sie zuerst etwas ausführlicher darstellen. Es ist meistens leichter, am Ende noch um ein paar Seiten zu kürzen als Inhalte zu ergänzen, wenn du mit deinen Gedanken schon längst in der Formulierung der Fragestellung oder sogar deiner wissenschaftlichen Untersuchung bist.

Tipp: *Es ist gar nicht so schwer, die Ausgangslage zu formulieren. Meist genügen hier schon zwei oder drei Quellen, die dein Thema gezielt abbilden und die wesentlichen Inhalte aufzeigen!*

Diese Inhalte fasst du in deiner Ausgangslage mit eigenen Worten zusammen. Denke daran, sauber zu zitieren und so weit wie möglich eigene Formulierungen zu verwenden, damit sprachlich ein stimmiges Bild entsteht.

Hast du die Ausgangslage erarbeitet, geht es im nächsten Kapitel um deine Fragestellung

4.3 Woraus leitet sich die Fragestellung ab?

Mit dem dritten Kapitel – der Fragestellung deiner Arbeit – nähern wir uns langsam dem eigentlichen Kern. Hier erläuterst du, welche Fragestellung du genau betrachtest, warum du es tust und was dich dazu bewogen hat. Mit anderen Worten: In diesem Kapitel darfst du eine Menge Fragen stellen, deren Antworten du jetzt noch nicht finden musst. Denke aber daran, dass du deine formulierte Fragestellung in deiner Bachelor- oder Masterarbeit beantworten musst! Deshalb sollte die Frage so konkret wie möglich sein.

Fragen stellen macht Spaß, – das wirst du vermutlich schnell feststellen, wenn du dich genauer mit dem Thema deiner Arbeit beschäftigst. Ist nämlich die Ausgangslage erst einmal im Wesentlichen formuliert, ergeben sich wahrscheinlich gleich mehrere weiterführende Fragen. Auf die Formulierung deiner Fragen kannst du eine Menge Fantasie und Zeit verwenden! Das ist gut, denn du zeigst damit, dass du selbstständig denken kannst. Genau darauf kommt es beim wissenschaftlichen Arbeiten und Schreiben an.

Ist deine Fragestellung noch nicht vollständig ausgereift, kannst du dir die möglichen Varianten auf einem Blatt Papier notieren. Vielleicht hat auch dein Betreuer noch eine Idee, in welche Richtung du forschen sollst. Ist das der Fall, hat der Vorschlag deines Betreuers – und deines Professors! – natürlich ein gewisses Gewicht. Vermutlich hast du wenig Chancen, eine von ihnen aufgebrachte Fragestellung in vollem Umfang zu verwerfen. Bei der Entwicklung der Fragestellung kannst du dich zum Beispiel an den sogenannten W-Fragen orientieren. Sie beginnen mit Fragewörtern wie „Wer?“, „Wann?“, „Warum?“ und „Wo?“. Auf eine W-Frage antwortest du nicht mit einem kurzen „Ja“ oder „Nein“. Du musst deine Antwort ausführen und begründen. Deshalb bieten sich solche offenen Fragen für eine wissenschaftliche Arbeit an.

Hast du am Ende zwischen fünf und zehn Fragestellungen formuliert, finden sich wahrscheinlich recht schnell zwei bis drei

Favoriten. Diese Fragen stimmst du mit deinem Betreuer ab und wählst mit ihm die optimale Fragestellung für deine wissenschaftliche Arbeit ab.

Denke auch daran, das Thema einzugrenzen. Schließlich erstellst du deine Bachelor- oder Masterarbeit, nicht aber deine Doktorarbeit. Die Abgrenzung deines Themas kannst du gut in die Fragestellung einarbeiten. Gelingt dir das nicht oder wird das Kapitel dadurch zu umfassend, kommt auch ein separates Kapitel dafür infrage. Dieses Kapitel nennst du dann „Abgrenzung des Themas“ und ordnest es in der Reihenfolge nach deiner Fragestellung und der Analyse ein.

Sowohl die Ableitung deiner Fragestellung wie auch die Abgrenzung des Themas solltest du in ihrer Bedeutung nicht unterschätzen. Behalte immer im Hinterkopf, dass du mit deiner wissenschaftlichen Arbeit eine bestimmte Fragestellung beleuchten musst. Das heißt, dass du Antworten auf deine gestellten Fragen finden musst. Sollte dein Professor bei der Bewertung deiner Arbeit zu dem Eindruck kommen, dass du deine Frage nicht sauber beantwortet hast oder am Thema „vorbei“ geschrieben hast, führt das im schlimmsten Fall zu einer schlechten Note oder sogar dazu, dass du deine Abschlussarbeit nicht bestehst. Fragestellung und Abgrenzung geben also den „roten Faden“ für deine Arbeit vor, an dem du dich auf den nächsten Seiten orientierst.

***Tipp:** Es ist meist besser, dein Thema etwas enger zu fassen und dafür in der gebotenen fachlichen Tiefe zu betrachten als ein weitreichendes Thema nur oberflächlich zu bearbeiten!*

Das merkt dein Professor leider sehr schnell, und du darfst sicher sein, dass sich dieser Fehler auch in der Benotung deiner Arbeit widerspiegelt. Konzentriere dich deshalb auf das Wesentliche und arbeiten diesen Inhalt vollständig ab, ohne dich abzulenken oder auf Randnotizen zu verweisen, die kaum Bedeutung haben.

4.4 Wie geht man bei der Analyse vor?

Nachdem du die Ausgangslage und deine Fragestellung vorgestellt hast, wird es im nun folgenden Kapitel deiner Arbeit endlich richtig spannend: Jetzt steht die Analyse an. Hier geht es darum, die zentrale Frage deiner wissenschaftlichen Arbeit aus verschiedenen Blickwinkeln zu beleuchten und dabei unterschiedlichste Aspekte zu berücksichtigen. Die Analyse steht für den wichtigsten und auch ausführlichsten Bereich deiner Arbeit. Leider ist es nur schwer möglich, eine pauschale Antwort darauf zu geben, wie du bei deiner Analyse vorgehst. Dein Vorgehen hängt nämlich sehr von der Art deiner Fragestellung ab. Trotzdem stellen wir dir ein paar Ideen vor, die dir sehr gute Anregungen bieten können.

Typisch für deine Analyse ist das wissenschaftliche Denken. Wissenschaftliches Denken bedeutet, dass du eine Fragestellung unter Berücksichtigung verschiedenster Aspekte beantwortest. Umgangssprachlich könnte man sagen, dass du mindestens zwei Seiten der gleichen Medaille betrachtest, wobei deine Medaille hier für deine Frage steht.

Bedenke, dass jede Frage, jedes Argument und jede Begründung mindestens aus zwei unterschiedlichen Blickwinkeln betrachtet werden kann. Für kein Argument dieser Welt gibt es nur einen

Vorteil, es sind immer auch Nachteile vorhanden. Wenn du also die Kernfrage deiner Bachelor- oder Masterarbeit aus verschiedenen Blickwinkeln betrachtest, solltest du dir als Einstieg überlegen, für wen die Frage wichtig ist und für wen sie welche Konsequenzen hat.

Ein Beispiel aus der Steuerlehre mag dir verdeutlichen, wie das in der Praxis aussieht. Angenommen, ein Ministerium plant die Einführung einer neuen Steuer für Unternehmen mit einem Jahresumsatz über 50 Millionen Euro. Im Rahmen einer wissenschaftlichen Arbeit ist zu bewerten, welche Auswirkungen die Einführung dieser Steuer hat. In erster Linie denkst du vielleicht daran, dass diese neue Steuer zu zusätzlichen Einnahmen des Staates führt. Das ist gut – aus Sicht der Regierung jedenfalls.

Wie du nun aber weißt, geht es ja nicht nur darum, eine einzige Auswirkung zu betrachten. Du gehst vielmehr analytisch vor und untersuchst zum Beispiel folgende Aspekte:

Welche Marktteilnehmer sind von dieser Steuererhöhung betroffen? Gilt die Steuer für Unternehmen einer bestimmten Branche oder einer bestimmten Größe? Greift sie für alle Firmen des Landes?
Welche Auswirkungen hat die Steuer für diese Unternehmen? Was bedeutet die höhere Steuer für eine Firma?
Welche Konsequenzen entstehen für die Mitarbeiter dieser Firmen?
Was bedeutet die neue Steuer für die Branche oder für den gesamten Markt?
Welche Möglichkeiten gibt es für die Firmen, die Steuer zu umgehen? Kommt eine Absenkung des Umsatzes infrage?
Welche wirtschaftlichen Folgen hat das für ein Unternehmen?

Solche Fragen decken die betriebswirtschaftlichen Folgen einer Steuererhöhung ab. Mindestens ebenso spannend ist eine volkswirtschaftliche Betrachtung. Darunter fallen zum Beispiel Überlegungen wie:

Wie entwickelt sich die Volkswirtschaft durch die Einführung einer neuen Steuer?
Was könnte mit dem Bruttoinlandsprodukt geschehen?
Wie verändert sich das Bruttosozialprodukt?
Und was passiert mit der Stabilität des Preisniveaus, wenn Unternehmen plötzlich eine neue Steuer zahlen müssen?

Natürlich arbeitest du deine Analysen nicht nur sprachlich aus. Eine andere Variante ist die Erstellung oder die Ableitung von Berechnungen und Modellen. Auch damit ist es möglich, Analysen durchzuführen. Deine Methodik hängt unmittelbar mit der gewählten Fragestellung zusammen.

Tipp: *Wenn du dir unsicher bist, welche Methodik für deine Arbeit optimal ist, sprich deinen Betreuer darauf an. Er hat mit Sicherheit den einen oder anderen Hinweis für dich, wie du am besten vorgehst und welchen Ansatz dein Professor bevorzugt!*

4.5 Wann ist eine Untersuchung nötig?

Eine empirische Untersuchung dient dazu, deine Analyse zu erhärten und die Ergebnisse zu bestätigen. Sie ergänzt deine Arbeit und ist gut geeignet, um deine analytischen Ausführungen zu untermauern. Eine empirische Untersuchung bringt außerdem eine gewisse praktische Relevanz in deine Arbeit. Du verdeutlichst damit, dass es sich nicht nur um ein Thema von theoretischer Bedeutung hat. Ganz nebenbei kann eine empirische Untersuchung sehr viel Spaß machen und dich für eine Weile von der Konzentration auf deine Lehrbücher und deinen Computer ablenken.

Eine Bachelor- oder Masterarbeit ist immer dazu gedacht, wissenschaftlich brauchbare Erkenntnisse zu liefern. Du musst eine bestimmte Fragestellung beleuchten und wissenschaftlich fundierte Gedanken einbringen. Natürlich ist der Umfang bei deiner ersten wissenschaftlichen Arbeit noch überschaubar. Trotzdem musst du schon in diesem frühen Stadium des wissenschaftlichen Schreibens daran denken, deine Ausführungen nicht nur in der Theorie schriftlich darzulegen. Ein Nachweis aus der Praxis ist vielmehr nötig, denn damit zeigst du, dass deine theoretischen Überlegungen richtig waren – oder auch falsch waren und deshalb widerlegt sind.

Abhängig vom Thema deiner Arbeit weist dich dein Professor vermutlich schon recht früh darauf hin, dass er eine empirische Untersuchung von dir sehen will. Wahrscheinlich erschreckt dich das im ersten Augenblick, und vielleicht bleibt dir für diesen Teil auch gar nicht genügend Zeit zur Verfügung. Kläre deshalb frühzeitig, ob du eine empirische Untersuchung in deine Arbeit einbringen musst und wie umfangreich sie sein soll! Danach passt du deine Zeitplanung an, sodass du nicht am Ende noch in Schwierigkeiten kommst, weil deine Arbeit nicht pünktlich fertig wird.

Typisch für eine empirische Untersuchung ist zum Beispiel eine Befragung. Das kann eine Umfrage von potenziellen Kunden oder Nutzern oder auch von Betroffenen sein. Nehmen wir zum Beispiel die Analyse aus dem letzten Kapitel mit der Frage, wie sich die Einführung einer neuen Steuer auf Unternehmen, Markt und Wirtschaft auswirken könnte. In einer empirischen Untersuchung könntest du zum Beispiel ein Unternehmen befragen, welche Auswirkungen sich in der Praxis für die Finanz- und Steuerabteilung, für die Personalabteilung oder den Ein- und Verkauf ergeben. Vielleicht befragst du nicht nur eine Firma, sondern weitest deine Untersuchung auf mehrere Versuchsobjekte aus. Abhängig davon, wie viele Firmen du befragst, ist deine Befragung mehr oder weniger umfangreich. Bei einem einzigen Unternehmen gehst du vielleicht thematisch mehr in die Tiefe, befragst du mehrere Firmen, bleibst du eher an der Oberfläche. Denke daran, dass der Umfang deiner Auswertung stark zunimmt, wenn du viele Studienteilnehmer hast und viele Fragen stellst. Du solltest immer im Hinterkopf behalten, dass du deine Befragung irgendwie auswerten musst und die Ergebnisse zusammenfassen und darstellen musst.

Um diese Befragung durchzuführen, erstellst du einen Fragebogen. Wie du dazu vorgehst, welche Art von Fragen du stellst, wie du auswertest und die Antworten messbar machst, gehört zum klassischen Grundlagenwissen in Statistik. Jedes gute Lehrbuch der Statistik enthält das Basiswissen zu nominal, ordinal und kardinal messbaren Daten, zur Auswertung, zur Berechnung von wichtigen Kennzahlen und zur Interpretation. Den Fragebogen entwickelst du anhand der Aspekte, die du überprüfen willst. Danach solltest du ihn zwei oder drei fachfremden Lesern zur Überprüfung geben. Mithilfe ihres Feedbacks beseitigst du missverständliche Formulierungen und Ausdrücke, dein Fragebogen wird also noch einmal validiert. Erst mit der überarbeiteten Version startest du dann die Untersuchung.

Vermutlich fragst du dich, wie du Teilnehmer für deine Untersuchung findest. Auch zur Auswahl der Probanden und zur Frage der

Repräsentativität finden sich Ausführungen in jedem guten Statistikbuch. Weißt du, aus welcher Branche deine Unternehmen stammen sollen, wie groß sie sein sollen und wie hoch der Umsatz oder der Gewinn sein sollen, musst du die Firmen noch auswählen. Vielleicht hast du selbst als Student bereits in der einen oder anderen Firma gearbeitet, vielleicht kannst du deine Eltern, Freunde und Bekannte um Ansprechpartner bitten. Hier sind deiner Fantasie kaum Grenzen gesetzt. Bedenke aber wieder, dass deine empirische Untersuchung Zeit kostet, die du von Anfang an in deiner Planung berücksichtigen solltest.

4.6 Wie entsteht die Schlussfolgerung?

Langsam näherst du dich dem Ende deiner wissenschaftlichen Arbeit. Jetzt heißt es nur noch, deine Analyse und deine Ergebnisse zu bewerten und eine Schlussfolgerung daraus zu ziehen. Anders formuliert: Du hast eine Analyse erstellt und eine Untersuchung durchgeführt, um deine Annahmen und Vermutungen zu bestätigen. In deiner Schlussfolgerung tust du genau das. Sollte sich herausstellen, dass deine Ergebnisse im Widerspruch zu deinen Ergebnissen aus der Analyse stehen, sind deine Annahmen widerlegt. Auch das kommt in der Wissenschaft viel häufiger vor, als man im ersten Augenblick annehmen möchte.

Deine Schlussfolgerung ist der krönende Abschluss deiner Bachelor- oder Masterarbeit. Hier heißt es, alle Ausführungen aus den letzten Kapiteln zu interpretieren und zu einem Endergebnis zusammenzuführen. Dazu wirst du deine Überlegungen aus der Analyse mithilfe der von dir erhobenen Daten oder der Berechnungen bestätigen.

Du erinnerst dich sicher noch an das Beispiel mit den neu eingeführten Steuern aus Kapitel 4.4. Im Kapitel 4.5 hast du mehrere Unternehmen befragt, du hast die Ergebnisse schriftlich aufbereitet und musst nun deine Schlüsse daraus ziehen. Im Grunde gibt es dazu nur zwei Möglichkeiten: Entweder bestätigen die Teilnehmer deiner Befragung deine Annahme oder sie kommen zu anderen Ergebnissen. In diesem Fall sind deine Vermutungen aus der Analyse widerlegt. Ein Grund dafür kann sein, dass du Zusammenhänge angenommen hast, die so nicht bestehen oder nicht so ausgeprägt sind. Vielleicht haben deine Teilnehmer die Kriterien auch nicht in vollem Umfang erfüllt, sodass sie deine Vermutungen und Zusammenhänge anders einordnen. Die Gründe dafür, eine Annahme aus der Analyse zu widerlegen, sind vielfältig. Ist das bei deiner Untersuchung der Fall, lohnt es sich durchaus, ein wenig zu recherchieren, wie sich die Abweichungen ergeben. Das kannst du in deiner Schlussfolgerung aufnehmen und damit auch gleich beweisen, dass du weiterdenkst. Aus einer abgelehnten wissenschaftlichen Annahme ergeben sich nämlich weitere Vermutungen und neue Untersuchungen. Du könntest also eine neue Analyse anregen, die in einer weiteren Bachelor- oder Masterarbeit untersucht wird.

Dieses Vorgehen ist nicht außergewöhnlich. Häufig kommt man in einer ersten wissenschaftlichen Arbeit zu einem anderen Ergebnis als ursprünglich angenommen. Das ist dann Grund genug, eine weitere fundierte Analyse auf den Weg zu bringen. Diese Analyse kann entweder von dir selbst durchgeführt werden, wenn du zu einem späteren Zeitpunkt an deiner Masterarbeit schreibst oder von einem anderen Studenten, der deine Arbeit als Ausgangsbasis für sein eigenes Werk nimmt.

Damit bekommst du direkt einen Einblick, wie wissenschaftliches Arbeiten heute funktioniert: Ein Wissenschaftler erarbeitet ein Ergebnis, mit dem er zwar bestimmte Annahmen bestätigt, aber noch nicht in vollem Umfang zufrieden ist. Ein anderer Wissenschaftler nimmt seine Überlegungen auf und führt sie fort. Als Student bist du mit deiner Bachelor- oder Masterarbeit also im Prinzip in ein Netz verflochten, das sich immer weiter entwickelt und das immer wieder neue Ergebnisse bringt. Gerade das macht die Wissenschaft so spannend, denn hier entstehen Tag für Tag neue Ideen, Anregungen und Entwicklungen, die dem Menschen und seiner Umwelt dienen sollen und die uns Gutes tun sollen!

Damit hast du deine Bachelor- oder Masterarbeit zu einem guten Ende gebracht. Zum Schluss folgt noch ein Ausblick, er rundet deine Arbeit perfekt ab.

4.7. Wozu dient der Ausblick?

Deine Einleitung ist der Anfang deiner Arbeit, der Ausblick steht für das Ende. Du beginnst den Ausblick vielleicht mit einer kurzen Zusammenfassung der letzten Kapitel. In diesem Fall nennst du das abschließende Kapitel einfach „Zusammenfassung und Ausblick“. Im Ausblick greifst du offene Fragen auf, die sich in deiner Arbeit ergeben haben. So lieferst du einen optimalen Ansatzpunkt für weitere Untersuchungen, der vielleicht sogar von einem Studenten aus deiner Fakultät gerne aufgenommen wird.

So wie deine Einleitung ist auch die Zusammenfassung mit dem Ausblick dazu da, deine Arbeit abzurunden und ein stimmiges Ganzes daraus zu machen. Weder in der Einleitung noch im letzten

Kapitel bringst du grundlegende neue Gedanken oder Ergebnisse. Trotzdem zählt das letzte Kapitel dazu, anderenfalls ist deine Arbeit in sich einfach nicht „rund". In die Zusammenfassung gehören alle wichtigen Ergebnisse aus den einzelnen Kapiteln. Achte darauf, dass die Zusammenfassung nicht zu lang wird! In der Regel genügt bei einer Bachelor- oder Masterarbeit eine halbe Seite. Nur in einer Doktorarbeit wird deine Zusammenfassung etwas länger sein, was allein dem Umfang der Arbeit geschuldet ist.

Nimm dir dann gerne noch etwas Zeit zu einem Ausblick. Hier kannst du offene Fragestellungen aufgreifen, die einem anderen Studenten eine gute Ausgangsbasis für eine weitere Arbeit bieten. Du kannst aber auch zukünftige wirtschaftliche, technische oder medizinische Entwicklungen aufnehmen und kurz vorstellen. Der Ausblick soll deine Arbeit wirkungsvoll abrunden und zeigen, dass du auch über dein Thema hinaus denken kannst und den berühmten „Blick über den Tellerrand" wagst. Dein Professor weiß es sicher zu schätzen, wenn du dir weiterführende Gedanken machst und den Blick in die Zukunft richtest. Achte aber auch hier wieder darauf, nicht zu weitläufig zu erörtern. Fasse dich kurz und skizziere ein paar wichtige Gedankengänge, ohne zu sehr in die Tiefe zu gehen.

Damit hast du das letzte Kapitel deiner Arbeit geschrieben. Jetzt ist dein Werk fertig und du bist vermutlich sehr froh, das gute Stück endlich einreichen zu können. Das wiederum hast du dir verdient, denn gerade in der letzten Phase wird eine wissenschaftliche Arbeit meist noch einmal richtig anstrengend und verlangt dir sehr viel Zeit ab. Jetzt heißt es nur noch: Die letzten optischen Verbesserungen anbringen, die letzten Korrekturen vornehmen, die Arbeit auszudrucken und zum Binden zu bringen! Damit ist dein Projekt „Bachelorarbeit" beendet.

Tipp: *Informiere dich rechtzeitig, wo du deine Arbeit binden lassen kannst und welche Formalien zu erfüllen sind. Erfrage auch, wie lange das Binden dauert, damit du deine Unterlagen zum richtigen Zeitpunkt in den Händen hältst und bei deinem Professor einreichst.*

Nun kennst du die wichtigsten Bausteine deiner wissenschaftlichen Arbeit. Du weißt, in welcher Reihenfolge sie angeordnet sind, wie sie aufeinander aufbauen und warum sie logisch ineinandergreifen müssen. So entsteht ein insgesamt stimmiges Werk, das wissenschaftlichen Ansprüchen genügt und das nachvollziehbar gestaltet ist. Damit haben wir einen elementaren Bestandteil deiner Arbeit ausführlich beleuchtet.

Im nächsten Kapitel geht es um einen weiteren bedeutenden Aspekt: den berühmten „roten Faden". Er ist wichtig, damit du am Ende mit gutem Gefühl sagen kannst: Du hast am Anfang eine Fragestellung aufgebracht, auf die es am Schluss ein nachvollziehbares Ergebnis gibt. Das ist die hohe Kunst des wissenschaftlichen Arbeitens und Schreibens, für die du nun einen ersten sichtbaren Beweis abgeliefert hast!

5. Der rote Faden

Eigentlich ist es ja ganz eindeutig – die Kapitel deiner Arbeit müssen logisch aufeinander aufbauen. Nur so entsteht eine stimmige und abgerundete Ausarbeitung von wissenschaftlicher Qualität. In der Praxis wirst du feststellen, dass es gar nicht so einfach ist, diesen roten Faden durchgängig beizubehalten. Lasse dich von abschweifenden Gedanken nicht verunsichern, sondern bleibe am Ball und verfolge dein Thema weiter. Es gibt aber ein paar Regeln, die dir dabei helfen, nicht von deinem einmal eingeschlagenen Weg abzuweichen. Wie du also dafür sorgst, dass sich der rote Faden von der ersten bis zur letzten Seite durch deine gesamte Arbeit zieht, erfährst du in diesem Kapitel.

5.1 Wie konzentrierst du deine Gedanken auf das Wesentliche?

Du weißt es vermutlich gut und doch fällt es dir in der Praxis so schwer: Deine Arbeit wird nur dann pünktlich fertig, wenn du regelmäßig daran arbeitest und dich immer wieder auf die wichtigen Punkte konzentrierst. Du musst deine Gedanken also sortieren und immer wieder überlegen, was wichtig und unwichtig ist. Die Konzentration auf das Wesentliche – sie macht dir vermutlich an der einen oder anderen Stelle ernsthafte Kopfschmerzen. Das ist völlig normal und kein Grund zur Sorge. In diesem Kapitel erfährst du, warum das so ist und wie du die Flut deiner Gedanken so im Zaum hältst, dass sich die heiß ersehnte gedankliche Klarheit fast von allein einstellt.

Allein der Begriff hat für viele Studenten eine abschreckende Wirkung: In deiner Arbeit ist „gedanklich Klarheit“ gewünscht. Du sollst dich auf das besinnen, was für dein Thema wichtig ist und den berühmten „Mut zur Lücke“ beweisen. Das wiederum ist gar nicht so einfach, denn gerade wenn du mit dem wissenschaftlichen Schreiben beginnst, weißt du noch gar nicht, in welche Richtung sich deine Arbeit bewegt. Du kannst also noch gar nicht sagen, was wichtig ist und was eher nebensächlich ist. Erst im Lauf der Zeit wird dir immer klarer, worauf es ankommt, welche Inhalte maßgeblich sind und was du weglassen kannst. Das ist völlig in Ordnung und sehr normal. Wohl jeder Student steht am Anfang vor einem riesigen Fragezeichen und hat keine Ahnung, wie er sein Thema strukturiert aufbereiten soll – und wie er weiß, was wesentlich ist und was nicht. Du kannst also beruhigt sein, aber solche Ängste sind völlig normal, und es geht allen anderen Studierenden genau wie dir.

Erst im Lauf der Zeit findest du heraus, welchen Inhalt deine Arbeit hat, was du unbedingt aufnehmen musst und was du auslassen kannst. Dabei hilft dir vielleicht ein wesentlicher Gedanke: In der Regel gibt es nur sehr wenige Inhalte, die von Beginn an als „richtig“ oder „falsch“ zu identifizieren sind! Dein Professor hat dir zwar ein Thema mitgegeben und er erwartet ein bestimmtes Ergebnis von dir. Dieses Ergebnis ist aber nicht von ihm vorgegeben! Deine Arbeit ist vielmehr ergebnisoffen, und du allein führst sie in eine bestimmte Richtung. Es wird dir also niemand von Anfang an sagen, welche Inhalte wichtig sind und welche nicht. Diese Wertung musst du für dich treffen und dann am besten mit deinem Betreuer besprechen. Dabei stellt sich vielleicht heraus, dass er andere Vorstellungen hat vom Inhalt deiner Arbeit. Deshalb stimmst du dich regelmäßig mit ihm ab, um nicht in eine falsche Richtung zu laufen. Er wird dir aber kaum sagen, was für dich relevant ist oder nicht. Es liegt also an dir, hier deine Prioritäten zu setzen und diese dann auch in der Diskussion zu vertreten. Dieser Gedanke mag dir auf der Suche nach dem „Richtig“ und dem „Falsch“ ein wenig helfen.

Wenn deine Gedanken nun allerdings wieder einmal wie wild um deine Bachelorarbeit kreisen und du es kaum schaffst, für gedankliche Klarheit zu sorgen, hilft dir vielleicht ein strukturiertes Vorgehen, etwas Ordnung in das Chaos zu bringen. Wie dir das gelingt? Erfahrene Manager schwören zum Beispiel auf die Methode „Braindump“.[17] Wörtlich übersetzt bedeutet das so viel wie „das Gehirn entleeren“. Und tatsächlich schaffst du mit Braindump genau das. Die Methode ist nicht nur im Privat- oder Berufsleben ideal, sondern auch sehr zu empfehlen, wenn du deine Gedanken rund um den Inhalt deiner Arbeit sortieren und strukturieren willst. Wie also gehst du dazu vor?

Im Prinzip besteht Braindump aus zwei Schritten: Du schreibst deine Gedanken auf und sortierst sie. Das hat mehrere Vorteile. Zum einen sollte es dir gelingen, die lästige Gedankenspirale in deinem Kopf zu zähmen. Vermutlich hast du schon einmal die Erfahrung gemacht, dass dir unzählige Gedanken im Kopf herumschwirren. Es gelingt dir kaum, sie zu greifen, sie wirken diffus und du schaffst es nicht, eine klare Linie hineinzubekommen. Ständig bist du abgelenkt, und es gelingt dir nicht, einen vernünftigen Gedanken zu fassen und konsequent zu Ende zu denken. Sind deine Gedanken erst einmal notiert, hat das zum anderen aber noch einen ganz anderen Vorteil: Du kannst ihn vergessen und dich entspannen, denn schließlich ist deine Überlegung notiert und geht dadurch nicht verloren. Du kannst die Gelegenheit sogar nutzen und weitere Gedanken anreißen, die du ebenso sofort notierst. So entsteht häufig ein weit verzweigtes Netz an Ideen und Anregungen, die in sehr unterschiedliche Richtungen führen. Manche Gedanken grenzen aneinander an, andere doppeln sich, wieder andere ergeben eine Abfolge von Ideen, wenn du sie in die richtige Reihenfolge bringst. Für das Braindumping brauchst du nur einen Stift und ein Blatt Papier. Natürlich kannst du digital arbeiten, aber häufig ist es sinnvoller, erst einmal mit Papier und Bleistift an die Arbeit zu gehen.

Wie du beim Aufschreiben deiner Gedanken vorgehst, ist dir sicher klar: Du notierst, was dir gerade einfällt, auf einem Blatt Papier. Gib dir ruhig 15 Minuten oder eine halbe Stunde Zeit und lasse dich dabei nicht stören. Je mehr Gedanken du aufschreibst, desto besser ist es, denn gleich nach dem Aufschreiben kannst du sie aus deinem Kopf verbannen. Diese Liste lässt du dann erst einmal liegen. Mindestens eine Nacht solltest du darüber schlafen, bevor du dich an den zweiten Schritt wagst deine Gedanken zu sortieren.

Dabei bringst du sie in die richtige Reihenfolge, du setzt Prioritäten, du streichst Dopplungen und Ideen, die dir nicht sinnvoll erscheinen. Ansätze, die näher geprüft werden wollen, notierst sie und verarbeitest sie ebenfalls in der richtigen Reihenfolge. So entsteht eine geordnete Liste deiner Gedanken, die du Schritt für Schritt abarbeitest. Auf deiner Liste steht jetzt natürlich nur noch das, was wirklich wichtig ist oder was du etwas näher beleuchten und durchdenken musst, bevor du es beurteilen kannst. Ganz nebenbei hast du geschafft, was du vorher so verzweifelt versucht hast: Du hast Klarheit in deine Gedanken gebracht. Jetzt musst du nur noch abarbeiten, was du zuvor gedanklich erledigt hast.

Du ahnst sicher schon, wie Braindumping bei deiner Bachelorarbeit funktioniert! Wie du ja weißt, sollst du dich bei deinen Inhalten und Ausführungen auf das konzentrieren, was wirklich wichtig ist.

Notiere also deine Gedanken, deine Anregungen und deine Fragen auf ein Blatt Papier. Nimm dir so lange Zeit dafür, bis dein Kopf leer ist und dir nichts mehr einfällt. Dann legst du den Zettel in eine Ecke und nimmst ihn erst am nächsten Tag wieder in die Hand. Sollten dir zwischenzeitlich noch einzelne Ideen kommen, schreibst du sie ebenfalls auf – und verbannst sie danach konsequent aus deinem Kopf.

Am folgenden Tag bringst du die Ideen für deine Arbeit dann wiederum in eine Reihenfolge. Es gibt sicher Anregungen, die dir sofort sinnvoll erscheinen und die unbedingt ausgeführt werden wollen. Andere Vorschläge sind von deinem eigentlichen Thema sehr weit entfernt. Du kannst sie in einem Ideenspeicher sammeln, diesen Ideenspeicher legst du als Liste auf deinem PC ab, damit du später immer wieder darauf zurückgreifen kannst. Arbeitest du gerne mit Papier und Stift, erstellt du deinen Ideenspeicher auf einem Blatt Papier und legst ihn so ab, dass du ihn später wieder findest.

Jetzt solltest du einen ersten Überblick haben, welche Themen und Gedankengänge für deine Arbeit wichtig sind und in welchem Kapitel du sie aufgreifen willst. Du hast deine Gedanken geordnet und dir Klarheit darüber verschafft, welche Inhalte wichtig sind und was du auslassen kannst. Die von dir so heiß ersehnte gedankliche Klarheit sollte nun vorhanden sein, sodass du dich gut auf das Wesentliche konzentrieren kannst. Natürlich kannst du Braindumping in jeder Phase des Schreibens anwenden! Wann immer du das Gefühl hast, du musst die Gedankenspirale in deinem Kopf rund um deine Bachelorarbeit bändigen und zur Ruhe bringen, ist Braindumping eine gut geeignete Methode.

***Tipp:** Braindumping ist eine Methode, die du auch im beruflichen Umfeld anwenden kannst, wenn du deine Aufgaben priorisieren willst. Nutze diese Methode und verfeinere sie für dich, damit du optimal gerüstet bist für den späteren Start ins Berufsleben!*

5.2 Wie finde ich eine übergeordnete Struktur?

Die Struktur deiner Arbeit ist enorm wichtig, denn hier beweist du, dass du den roten Faden verfolgst. Du hast bisher schon eine Menge über das Filtern von Informationen und die Erarbeitung deiner Struktur erfahren. Du weißt auch, welche Bedeutung die einzelnen Bausteine der Gliederung für deine Arbeit haben. Du weißt, wozu du eine Einleitung brauchst und welcher Inhalt im Ausblick steht. Jetzt bringst du das Ganze noch in eine übergeordnete Struktur. Doch was ist dabei zu beachten?

Beispiele für Gliederungen gibt es in Hülle und Fülle.[18] Sie sehen in gewisser Hinsicht alle ähnlich aus, und das ist kein Zufall. Es ist nun einmal so, dass du mit der Einleitung beginnst und mit der Zusammenfassung und dem Ausblick endest. Mit den Verzeichnissen ergänzt du deine Arbeit, und eigentlich muss nur der Hauptteil thematisch von dir im Detail ausgearbeitet werden. Du kannst dich also schon einmal beruhigt zurücklehnen, denn eine übergeordnete Struktur zu erstellen, ist nicht so schwierig, wenn du dich bereits ein bisschen mit dem Thema beschäftigt hast und weißt, was du etwa in deiner Arbeit schreiben willst.

Zuerst ist es wichtig zu wissen, wie umfassend der Hauptteil deiner Arbeit ist. Als Anhaltspunkt gilt, dass Einführung und Schlussteil etwa jeweils zehn Prozent ausmachen, der Hauptteil deckt dann 80

Prozent ab. Diese 80 Prozent musst du nun mit der Ausgangslage, mit der Analyse, mit der Untersuchung und mit der Schlussfolgerung füllen. Denke bitte daran, dass du bei deiner Gliederung fachlich in die Tiefe gehen musst. Es genügt also nicht, in deiner Struktur lediglich von einer „Analyse" oder den „Ergebnissen" zu sprechen. Dein Professor will in der Struktur deiner Arbeit klar erkennen, dass du dich bereits thematisch mit deiner Arbeit beschäftigt hast. Du musst ihm also aufzeigen, was du bearbeiten wirst und wie du vorgehst. Die Kapitel sollten jetzt eine Nummerierung haben, und auch die einzelnen Ebenen sollten benannt sein.

Bei einer Bachelorarbeit genügt es meist schon, bis auf die dritte Ebene zu gliedern. Die oberste Ebene der Kapitel wird mit 1, 2, 3 fortlaufend nummeriert. Bei der Einleitung und der Ausgangslage genügt es meist, in der oberen Ebene zu bleiben. Deine Analyse und deine Untersuchung solltest du dann bis zur zweiten oder dritten Ebene einteilen. Das macht es deinem Leser leichter, die Struktur zu erkennen.

In der Praxis hast du zwei Möglichkeiten, die übergeordnete Struktur zu erarbeiten. Du schreibst sie am PC Kapitel für Kapitel herunter oder du nutzt die Mindmap-Methode.[19] Beide Varianten haben Vor- und Nachteile, und es hängt ein bisschen von deinen persönlichen Vorlieben ab, welche optimal für dich geeignet ist. Außerdem spielt es eine Rolle, wie weit deine Überlegungen zum Inhalt schon entwickelt sind.

Schreibst du deine übergeordnete Struktur, – also dein Inhaltsverzeichnis – siehst du auf einen Blick, welche Kapitel du bereits abgedeckt hat und was noch fehlt. Diese Methode ist zu empfehlen, wenn du dich schon intensiv mit deiner Thematik beschäftigt hast.

Du arbeitest noch die sprachlichen Feinheiten aus und fügst die Verzeichnisse mit ihrer Nummer ein. Die Gliederung zeigst du deinem Professor und stimmst sie mit ihm ab. Eine Gliederung direkt Kapitel für Kapitel zu schreiben, sollte dir möglich sein, wenn du bereits ein gutes Grundverständnis von deinem Thema und den Inhalten hast. Bist du in der Thematik also bereits gut bewandert und fühlst du dich sicher, sollte es kein Problem sein, die übergeordnete Struktur zu erstellen. Dabei solltest du schon im Hinterkopf behalten, welche Quellen aus der Literatur du in welchem Kapitel verarbeitest und welche Inhalte wohl eher keinen Platz in deiner Arbeit finden.

Bis deine finale Gliederung steht, wirst du sie vermutlich mehrfach mit deinem Professor abstimmen. Wahrscheinlich hat er nach dem ersten Entwurf noch ein paar Anregungen, die du umsetzen musst. Vielleicht will er einen bestimmten Aspekt genauer beleuchtet haben, vielleicht verändert er den Schwerpunkt deiner Arbeit noch einmal. Das ist völlig normal und kein Grund zur Sorge. Schließlich willst du mit deiner Arbeit einen wertvollen wissenschaftlichen Beitrag leisten, deshalb ist es gut, auf die Erstellung der übergeordneten Struktur genügend Zeit zu verwenden. Sie dient dir als Fahrplan beim Schreiben, auch deshalb solltest du auf die Erarbeitung eine gewisse Sorgfalt verwenden.

Die Mindmap-Methode nutzt du vermutlich eher, wenn du dir noch nicht so sicher bist, wie die Struktur deiner Arbeit aussieht. Mit dieser Methode zeichnest du deine Gliederung anhand einer Baumstruktur auf. Die Hauptkapitel wie die Einleitung und die Ausgangslage gehen vom Stamm ab, die einzelnen Hauptkapitel wirst du mithilfe von einzelnen Ästen dann noch weiter untergliedern. Mindmap ist optimal, wenn du dir noch gar nicht vorstellen kannst, wie deine übergeordnete Struktur aussieht. Sie dient dazu, deine Gedankengänge zu strukturieren und in eine vernünftige Reihenfolge zu bringen. Insofern kommt Mindmap auch gut infrage, wenn du deine Gedanken nach dem Braindumping-Verfahren zu Papier gebracht hast und sie nun noch vernünftig ordnen willst. Braindumping und Mindmapping können also sehr gut gemeinsam angewendet werden, um aus vielen einzelnen Gedankengängen ein zusammenhängendes Ganzes zu erarbeiten, das eine logische Struktur ergibt. Ein Mindmap erstellst du am besten auf einem großen Stück Papier mit einem gut lesbaren Stift. Natürlich kannst du einzelne Äste durchstreichen und anders anordnen, wenn dir das sinnvoll erscheint.

Mindmap ist gut geeignet, wenn du deine Gedanken zuerst einmal sortieren willst. Außerdem arbeiten manche Menschen gerne mit grafischen Methoden und mit Bildern, während andere bevorzugt mit Sprache und Schrift arbeiten. Es hängt also ein wenig an deiner persönlichen Präferenz. Deine Mindmap-Gliederung kann eine Vorstufe zu deiner finalen Gliederung sein. Allerdings musst du die Gliederung in jedem Fall schreiben und auch mit der entsprechenden Nummerierung versehen. Insofern ist Mindmap ideal, um eine erste anfängliche Struktur zu erarbeiten. Die Gliederung für denen Betreuer oder deinen Professor musst du aber trotzdem erstellen, das lässt sich nicht vermeiden.

Die Mindmap-Methode brauchst du im Berufsleben vermutlich immer wieder. Nutze die Gelegenheit, sie schon einmal zu trainieren und deine Methodenkenntnisse auszubauen, damit du sie später in der Praxis sofort anwenden kannst.

Für manche Menschen ist es sehr einfach, strukturiert zu denken und lose Gedanken in eine sinnvolle Reihenfolge zu bringen. Andere Menschen haben dabei ernsthafte Schwierigkeiten, ihnen fällt es schwer, Prioritäten zu setzen, Abläufe zu definieren und Reihenfolgen festzulegen. Zu welcher Gruppe du gehörst, ist dir im Lauf deines Studiums vermutlich schon klar geworden. Nutze deshalb die Methode, die optimal zu dir passt und die dir das Leben erleichtert! Eine strenge Vorgabe, welche Methode perfekt ist, gibt es nicht, weil nicht jeder Mensch gleich denkt. Wichtig ist nur, dass am Ende eine übergeordnete Struktur entsteht, die dein Vorgehen aufzeigt und die deinem Betreuer vermittelt, welche Gedanken du dir über deine Arbeit gemacht hast. Diese Struktur ist ebenfalls Teil des wissenschaftlichen Schreibens und Arbeitens, ohne sie geht es nicht. Da du nun aber weißt, in welcher Situation du welche Methode am besten anwendest, sollte es kein Problem für dich sein, eine übergeordnete Struktur für deine Bachelor- oder Masterarbeit zu erarbeiten.

5.3 Wie wird ein Satz richtig aufgebaut?

Einen verständlichen Satz zu formulieren, sollte für uns kein Problem sein, – so könnte man meinen. Schließlich sind wir Muttersprachler oder schreiben und sprechen Deutsch mindestens sehr gut. Anderenfalls wäre es kaum möglich, in Deutschland die Hochschulreife zu erlangen und ein Studium erfolgreich abzuschließen. Beste Sprachkenntnisse sind dazu also unbedingt nötig. Doch leider sieht das in der Praxis ganz anders aus, denn es gibt durchaus erhebliche Unterschiede zwischen der sprachlichen Qualität in Wort und Schrift.

Du kennst das vielleicht von dir selbst: Du hast überhaupt kein Problem damit, dich vor eine Gruppe von Studierenden zu stellen und sie mit einer Präsentation zu unterhalten. Du magst es, anderen dein Wissen zu vermitteln und du liebst auch den Auftritt von Publikum.

In der gesprochenen Sprache fühlst du dich unglaublich sicher, hier bist du in deinem Element. Deine Zuhörer loben dich für deine Qualitäten, in dir könnte das Talent zu einem Entertainer oder einem Fernsehmoderator stecken. Wann immer es darum geht, mündlich etwas zu präsentieren, stehst du in der ersten Reihe.

Ganz anders sieht es hingegen aus, wenn du dich schriftlich äußern sollst. Da fehlen dir die Worte, es fällt dir unglaublich schwer, einen zusammenhängenden und logischen Satz zu formulieren. Natürlich kennst du die einfache Regel für einen guten Satzbau: Subjekt – Prädikat – Objekt. Jeder vollständige Satz besteht aus genau diesen Elementen. Trotzdem gelingt es dir nicht, dich schriftlich so eloquent auszudrücken wie mündlich. Im Alltag ist das nicht so schlimm, solange du dich online im Chat, per Mail oder SMS mit deinen Freunden austauschst, fällt das nicht weiter auf. Selbst beim wissenschaftlichen Arbeiten muss dein Handicap noch nicht weiter stören, weil du wahrscheinlich vieles mündlich erledigst. Ganz anders sieht es hingegen aus, sobald du wissenschaftlich Schreiben sollst. Beim Gedanken an deine Bachelor- oder Masterarbeit bricht dir wahrscheinlich der Schweiß aus, und du hast keine Ahnung, wie du über viele Seiten hinweg einen vernünftigen Schreibstil aufbaust.

Ganz nebenbei ist es allerdings gut zu wissen, dass du mit deinem Problem nicht allein bist. Es gibt unglaublich viele Menschen, die sich mündlich perfekt ausdrücken können, die aber schriftlich keinen verständlichen Satz formulieren können. Und auch umgekehrt ist es häufig der Fall, dass man sich auf dem Papier unglaublich wortgewandt verkauft und seine Leser in seinen Bann zieht, während man mündlich kein Wort über die Lippen bringt. Gerade die etwas schüchternen Zeitgenossen leiden darunter, sich zwar schriftlich perfekt auszudrücken, aber mündlich schlicht zu versagen. Doch so wie die eher zurückhaltenden Menschen lernen können, eine gute Präsentation zu halten und wie sie sich optimal darauf vorbereiten, ist es auch für dich möglich, sich in schriftlicher Form verständlich auszudrücken. Was also musst du rund um einen wissenschaftlichen Schreibstil und einen verständlichen Satzbau wissen?

Ein aus wissenschaftlicher Sicht optimaler Satzbau ist eigentlich ganz einfach: Ein Satz soll kurz und prägnant formuliert sein.[20] Natürlich soll er aus einem Subjekt, einem Prädikat und einem Objekt bestehen, du solltest also einen vollständigen Satz formulieren. Das eine oder andere Bindewort verhilft dir zu einem flüssigen Satzbau, der sich angenehm liest. Dein Betreuer und dein Professor wissen es mit Sicherheit zu schätzen, wenn du insgesamt flüssig formulierst, sodass sich deine Ausführungen einfach gut lesen. Schließlich müssen sie deine Arbeit komplett lesen und beurteilen, und es macht einfach mehr Freude, wenn du einen angenehmen Schreibstil hast. Die eine oder andere Konjunktion sorgt also dafür, dass sich dein Text besser lesen lässt, er wirkt dann einfach stimmiger.

Diese verständliche Regel macht aber auch klar, was du beim wissenschaftlichen Schreiben vermeiden sollst. Achte zum Beispiel darauf, dass deine Sätze kurz genug sind. Ein einzelner Satz sollte sich auf keinen Fall über mehrere Zeilen hinziehen. Auch verschachtelte Sätze, mehrere Einschübe und mehrere verbundene Haupt- und Nebensätze sind typische Fehler, die du aus deiner Arbeit streichen solltest. Versuche von Anfang an kurz und prägnant zu formulieren. Hast du nämlich erst einmal ein paar Kapitel geschrieben und dein Professor merkt an, dass du deinen Schreibstil vor der Abgabe optimieren sollst, wird es schwierig. In diesem Fall musst du deine komplette Arbeit noch einmal durchgehen und umschreiben. Das kostet dich Zeit und Mühe, die du dir sicher ersparen willst. Wenn du also für dich das Gefühl hast, dass es dir an einem wissenschaftlichen Schreibstil fehlt, solltest du von Anfang an auf gelungene Formulierungen zu achten.

Um dir selbst zu verdeutlichen, wie ein guter wissenschaftlicher Satzbau aussieht, kannst du dich leicht selbst testen. Notiere dazu einfach drei oder vier Sätze mit vielen Verschachtelungen und verbundenen Haupt- und Nebensätzen. Wähle vielleicht ein Thema, das dir fachlich nicht so geläufig ist. Versuche dann, die Aussagen zu lesen und zu verstehen. Du darfst sicher sein, dass du kaum etwas von dem schriftlich schlecht formulierten Inhalt für dich verständlich ist.

Anders sieht es aus, wenn du das gleiche Beispiel in kurzen und prägnanten Sätzen formulierst. Du bist dann viel eher in der Lage, das fremde Thema zu verstehen und der Ausführung zu folgen. So lernst du an deinem eigenen Beispiel, welchen Effekt eine flüssige und stimmige Formulierung hat. Du kannst dich damit bestimmt sehr gut in die Situation deines Betreuers versetzen, der deinen Ausführungen folgen muss und sich mit Sicherheit über einen wissenschaftlichen Schreibstil freut. Prüfe deine Kapitel auch regelmäßig dahingehend, dass du sauber formuliert hast. Lies einen Abschnitt gerne nach ein paar Tagen erneut, um zu testen, ob du noch verstehst, was du wenige Tage vorher geschrieben hast. Ein hilfreicher Tipp ist auch, sich das Gelesene selbst laut vorzulesen. Dabei kommt man schnell unlogischen oder nicht so leicht verständlichen Dingen auf den Grund! Ist das der Fall, bist du auf deinem Weg zu einem verständlichen wissenschaftlichen Schreibstil schon einen guten Schritt weitergekommen.

Tipp: *Wenn du dir nicht sicher bist, wie es um deine Künste rund um Satzbau und Formulierungen bestellt ist, mache einen objektiven Test! Bitte einen Freund oder ein Mitglied aus der Familie, das erste und zweite Kapitel deiner Arbeit zu lesen. Im Idealfall kennt diese Person dein Thema nicht. Hat Sie deine Ausführungen verstanden, ist alles in Ordnung. Kann Sie deinen Überlegungen nicht folgen, ist noch eine Optimierung angesagt!*

Diese Korrekturschleife ist übrigens für alle Kapitel deiner Arbeit zu empfehlen. Zum einen gibt dir eine fachfremde Person ein ehrliches Feedback zu deinem Schreibstil und zur Verständlichkeit deiner Arbeit. Zum anderen findet sie aber auch Schreib- und Grammatikfehler. Natürlich bemühst du dich, solche Fehler von Anfang an zu vermeiden. Du nutzt ein Textverarbeitungsprogramm und lässt die Rechtschreib- und Grammatikprüfung laufen. Auch das beste Programm übersieht allerdings den einen oder anderen Fehler. Du selbst wirst diese Fehler irgendwann auch nicht mehr finden, wenn du längere Zeit deinen eigenen Text vor Augen hattest. Deshalb ist es sehr hilfreich, jemanden um eine objektive Korrekturlesung zu bitten, denn dieses kritische Augenpaar sieht mit Sicherheit mehr als du mit Hilfe eines IT-Tools.

5.4 Wie muss ein Kapitel strukturiert sein?

Du weißt nun schon, wie ein Satz im wissenschaftlichen Schreibstil optimal formuliert ist. Mehrere Sätze fügen sich zu einem Kapitel zusammen, das natürlich ebenso wissenschaftlichen Grundlagen entsprechen muss. Damit der berühmte „rote Faden" in deiner Arbeit von Anfang an sichtbar wird, muss auch ein Kapitel logisch

strukturiert sein. Wie du dazu vorgehst, erfährst du in diesem Abschnitt.
Vielleicht hast du selbst schon einmal einen Text gelesen, bei dem du das Gefühl hattest, du kannst dem Autor nicht folgen. Zwar nutzt er kurze Sätze ohne Verschachtelungen, doch schon nach wenigen Minuten verliert er dich in seiner Argumentation. Du liest ein Kapitel und hast das Gefühl, du hast nichts verstanden. Natürlich könnte es sein, dass du mit der Materie fachlich schlicht nicht bewandert bist und deshalb nicht folgen kannst. Das ist allerdings nur die halbe Wahrheit, denn ein guter Autor strukturiert jedes Kapitel so, dass der Leser ohne große Vorkenntnisse folgen kann.

Bei der Gliederung deiner Arbeit hast du schon eine erste Struktur vorgegeben. Du hast die oberste Ebene mit den Kapiteln 1, 2 ,3 und dem Rest definiert. In der Regel sind die ersten beiden Kapitel mit der Einleitung und der Ausgangsbasis noch überschaubar, hier kommst du meist ohne eine tiefere Gliederung klar. Anders sieht es mit den Kapiteln 3 für deine Fragestellung, mit dem vierten Kapitel für die Analyse, mit dem fünften Kapitel für die Untersuchung und vielleicht mit dem sechsten Kapitel mit der Schlussfolgerung aus. Diese Kapitel wirst du weiter untergliedern, wobei die zweite Ebene der optimalen und verständlichen Struktur dient und die dritte Ebene sinnvoll sein kann. Hast du für deine Bachelorarbeit eine bestimmte Vorgabe hinsichtlich der Seitenzahl, gibt dir die Seitenzahl durchaus Hinweise auf die Tiefe deiner Gliederung. Als Anhaltspunkt gilt, dass eine Ebene bis zu sieben Kapitel umfassen darf. Mehr Kapitel sollte eine Ebene nicht haben. Du kannst ein Kapitel also in die Unterkapitel 3.1 bis 3.7 untergliedern. Fallen weitere Unterkapitel an, solltest du einzelne Kapitel mit einer nächsten Ebene wie zum Beispiel 3.2.1 untergliedern. So bleibt die Länge deiner Kapitel überschaubar.[21]

Beim Schreiben musst du noch darauf achten, dass jedes Kapitel in sich logisch aufgebaut und strukturiert ist. Dazu folgst du einem einfachen Schema: Jedes Kapitel besteht aus einer Einleitung, einem Hauptteil und einem Abschluss.[22] Diesen Ansatz kennst du schon, denn deine Arbeit ist als Ganzes nach dem gleichen Prinzip aufgebaut. Für jedes einzelne Kapitel schreibst du also eine Einleitung, dann folgt der Hauptteil und am Ende ein gelungener Abschluss.

Im ersten Moment kommt dir das sicher sehr schwierig vor. Hast du dich nach den ersten Kapiteln aber an dieses Prinzip gewöhnt, folgt der Rest ganz automatisch. Deine Einleitung sollte je nach Länge des einzelnen Kapitels nur etwa eine halbe Seite ausmachen, dein Schlussteil kann noch etwas kürzer sein. Schließlich musst du die Anzahl der Seiten überschaubar halten, und eine ausufernde Einleitung bringt ebenso wenig einen Mehrwert wie ein Schlussteil, der scheinbar nicht endet. Denke daran, dass Einleitung und Schluss etwa zehn Prozent des Kapitels ausmachen, während der Hauptteil mit 80 Prozent der wichtigste und längste Teil ist.

Hast du selbst ein bestimmtes Buch vor Augen, das du als schwer lesbar empfunden hast, kannst du übrigens leicht nachprüfen, ob der Autor seine Kapitel nach diesem Prinzip aufgebaut hat! Meist ist das nicht der Fall, deshalb ist es für dich schwierig, seinen Ausführungen zu folgen. Doch was steht eigentlich in Einleitung, Hauptteil und Schluss?

Für den Aufbau des einzelnen Kapitels gelten ähnliche Regeln wie für deine gesamte Arbeit. Die Einleitung führt an den Inhalt des Kapitels heran. Hier machst du deinem Leser deutlich, was ihn in diesem Kapitel erwartet. Thematisch solltest du das Ende des letzten Abschnitts aufnehmen und zum neuen Kapitel hinführen. Im Hauptteil stellst du dann deinen Inhalt in allen Details vor. Der

Schlussteil fasst dein Vorgehen und deine Ergebnisse noch einmal zusammen und bringt mit wenigen Sätzen die wichtigsten Inhalte auf den Punkt. Weder in der Einleitung noch im Abschluss musst du sehr in die Details gehen. Das würde deinen Leser verwirren, er hat dann das Gefühl, dass er sofort mitten im Thema steckt oder dass du nicht zum Ende kommen kannst.

Den Hauptteil eines Kapitels macht dann wiederum der eigentliche thematische Schwerpunkt aus. Hier stellst du deine Überlegungen und deine Ergebnisse Schritt für Schritt vor. Denke daran, die Inhalte logisch aufeinander aufzubauen. Je nach Thema ist ein Ansatz hilfreich, der von leichten Inhalten zu schweren und komplexen Inhalten reicht. Manchmal ist auch eine zeitliche Abfolge oder ein Ranking sinnvoll. Für deine Leser ist es unglaublich wichtig, dass du hier zeitlich oder inhaltlich stringent vorgehst. Sonst besteht wieder die Gefahr, dass du ihn verlierst und dass er dir nicht mehr folgen kann. Ergänzt du den Hauptteil allerdings um ein paar einleitende Worte und schließt du ihn mit einer kurzen Zusammenfassung ab, darfst du sicher sein, dass du rund um die Struktur deines Kapitels alles getan hast, damit dein Leser deinem Inhalt problemlos folgen kann.

Du weißt nun, wie du einem Kapitel eine optimale Struktur gibst. Damit bleibt noch ein Stilmittel, das du leicht einsetzen kannst, um deinen Text noch stärker zu strukturieren und aufzulockern: Absätze im Text sind ein sehr erprobtes Mittel, um die Aufmerksamkeit deiner Leser auf sich zu ziehen und zu fesseln. Ohne Absätze allerdings verliert sie sich leicht im Nirgendwo, wie du beim Lesen vielleicht selbst schon einmal festgestellt hast.

Stelle dir einmal vor, du liest einen spannenden wissenschaftlichen Text. Die Fragestellung und der Inhalt sprechen dich an, die

Forschungsmethode interessiert dich. Leider hat der Autor vergessen, gelegentlich einen Absatz in seinen Ausführungen zu setzen. Du liest und liest, doch irgendwie scheint das Ende in unerreichbarer Ferne zu sein. Es dauert nicht lange, bis du den Zusammenhang aus den Augen verlierst und nicht mehr weißt, um welches Thema es eigentlich geht.

Ein einfacher Absatz im Text ist gut geeignet, um deine Ausführung mit wenig Aufwand besser zu strukturieren. Der Absatz deutet darauf hin, dass du einen Gedankengang abgeschlossen hast und einen neuen beginnst. Das hilft deinem Leser sehr, deine Gedanken zu verfolgen und nachzuvollziehen. Versuche also unbedingt, deinen Text mit möglichst vielen und sinnvoll gesetzten Absätzen zu optimieren und zu unterbrechen, denn damit ziehst du die Aufmerksamkeit auf dich und machst es deinem Leser viel leichter, deinen Gedanken zu folgen.

Du weißt nun, wie du ein Kapitel am besten strukturierst und den „roten Faden" beibehältst. Du weißt, dass du nicht „ohne Punkt und Komma" schreiben sollst, sondern deinen Text in eine Einleitung, einen Hauptteil und einen Schluss untergliederst. Du hast erfahren, dass du mithilfe von Absätzen noch mehr Struktur in deinen Text bringst und es deinem Leser leichter machst, deinen Gedanken zu folgen. Damit kennst du die wesentlichen Kniffe, die dir dabei helfen, deine Arbeit optimal zu strukturieren und für deine Leser lesbarer zu gestalten.

Tipp: *Hast du ein Kapitel zu Ende geschrieben, gib es gerne einem Freund zum Korrekturlesen! An seinen Fragen und seinem Feedback erkennst du, ob deine Ausführung logisch und stimmig aufgebaut ist oder ob du an der einen oder anderen Stelle noch nachbessern solltest.*

5.5 Welche Rolle spielen die Überleitungen?

Eine gelungene Überleitung von einem Kapitel in das nächste lässt deinen Text flüssiger wirken. Sie macht es dem Leser leichter, dir zu folgen, deine Ausführung wirkt in sich schlicht ein bisschen ausgewogener und stimmiger. Eine gute Überleitung nimmt den Inhalt des nächsten Kapitels auf und reißt ihn an, ohne zu viel zu verraten. Doch wie macht man das?

Eine gelungene Überleitung zu formulieren, sollte eigentlich kein Problem sein, – so könnte man meinen. Schließlich gilt es nur, die wichtigsten Aussagen des folgenden Kapitels kurz vorzustellen, um einen Ausblick zu geben. Vielleicht genügt es sogar, lediglich zu erwähnen, dass im kommenden Absatz zum Beispiel die Analyse ansteht, was der aufmerksame Leser wiederum aus deinem Inhaltsverzeichnis entnehmen wird. Beschränkst du deine Überleitung nur auf diese kurze Ankündigung, ist sie durchaus verzichtbar. Damit sind Überleitungen also mit einer gewissen Tücke verbunden, denn du darfst nicht zu viel und nicht zu wenig über das nachfolgende Kapitel verraten.[23] Doch wie gehst du dazu vor?

Neben der besseren Lesbarkeit verfolgt eine Überleitung von einem Kapitel zum anderen einen einfachen Zweck: Sie zeigt, ob ein Kapitel für deine Arbeit überhaupt nötig ist oder nicht.[24] Angenommen, es gelingt dir nicht, eine kurze und knackige Überleitung für den nächsten Absatz zu formulieren, dann liegt die Frage nahe, ob dieser Absatz für den Inhalt deiner Arbeit überhaupt nötig ist oder ob du darauf verzichten kannst! Die Überleitung hilft dir also dabei, die Struktur deiner Bachelorarbeit zu erhalten und zu festigen. Wenn du es nämlich nicht schaffst, eine passende Überleitung zu schreiben, liegt der Schluss sehr nahe, dass dieses Kapitel thematisch wenig mit deiner eigentlichen Arbeit zu tun hat. Damit bleibt die Frage, ob du diesen Inhalt in deine Arbeit aufnimmst oder nicht. Die Überleitung hilft dir also dabei, Inhalte zu strukturieren und zu priorisieren.

Deine Überleitung muss keinesfalls sehr lang sein. Ganz im Gegenteil genügen schon drei bis vier Sätze, um eine Brücke zu bilden zwischen dem Abschluss dieses Kapitels und dem Beginn des nächsten Abschnitts. Eine gute Überleitung weckt die Vorfreude darauf, weiterzulesen. Sie vermittelt dem Leser einen Einblick in deine Gedanken und macht ihm klar, wie du denkst. Mehr als ein paar Sätze sind dazu nicht nötig, denn damit würdest du sehr ausufernd argumentieren und deinen Betreuer und deinen Professor unnötig verwirren. Halte die Überleitung also knackig und kurz, sodass sich dein Leser schon auf das kommende Kapitel freut. Auf eine Überleitung verzichten solltest du übrigens nicht. Natürlich ist das möglich, aber sie erhöht den Spaß beim Lesen und der sollte natürlich nicht zu kurz kommen.

Du weißt nun, wie du den roten Faden in deiner wissenschaftlichen Arbeit mithilfe von Überleitungen noch etwas lesenswerter machst. Ein weiteres Stilmittel sind Vorankündigungen und Rückverweise, die deine wissenschaftliche Arbeit stilistisch abrunden.

5.6 Wie arbeitet man mit Vorankündigungen und Rückverweisen?

Damit die Struktur deiner Bachelorarbeit nachvollziehbar und stringent bleibt, verwendest du an der einen oder anderen Stelle eine Vorankündigung oder einen Rückverweis. Sie sind in gewisser Hinsicht gelegentlich sinnvoll, manchmal aber auch unpassend.

Deutlich wird das, wenn sie den Lesefluss stören und vom eigentlichen Thema ablenken. Wie also wendest du Vorankündigungen und Rückverweise richtig an?

5.6.1 Vorankündigungen lassen die Spannung steigen

Stelle dir vor, du bist gerade richtig im Fluss und beschreibst die Ausgangslage für dein Thema. Plötzlich spürst du, wie du thematisch mehr und mehr in die Analyse einsteigst. Bevor du dich versiehst, hast du einen guten Teil deiner Analyse schon beschrieben und hast damit das folgende Kapitel fast komplett erstellt. Das ist gut, denn schließlich hast du nun ein paar zusätzliche Seiten für deine Arbeit geschrieben, die eigentlich erst später eingeplant waren. Doch leider bist du noch gar nicht so weit, denn es steht erst einmal eine genaue Schilderung des aktuellen Stands der Forschung an, bevor du eigene Ideen einbringst. Du bist im Eifer des Gefechts also schon viel tiefer in das Thema eingetaucht, als du es eigentlich wolltest. Doch was ist nun zu tun?

In erster Linie bist du wohl froh, dass du noch rechtzeitig herausgefunden hast, dass du thematisch etwas in die falsche Richtung marschiert bist. Das ist nicht weiter schlimm, denn du konntest deine Ideen noch rechtzeitig kanalisieren und deinen Schreibfluss erst einmal stoppen. Schlimmer wäre es, wenn du nicht gemerkt hättest, dass du gedanklich schon im nächsten Kapitel bist. Dabei besteht nämlich die Gefahr, dass die Inhalte verwischen und nicht mehr trennscharf zu unterscheiden sind. Anders formuliert: Es besteht das Risiko, dass die Struktur deiner Arbeit verloren ist. So aber hast du festgestellt, dass du eigentlich schon das nächste Kapitel schreibst. Am besten nimmst du diesen Inhalt, der nun in deiner Ausgangslage nicht mehr passt und kopierst deine Ausführung an die richtige Stelle im folgenden Kapitel.

Dabei muss es aber nicht bleiben. Du kannst schon in deiner Ausgangslage sehr schön auf die später folgende Stelle verweisen und den Inhalt bereits jetzt ankündigen. Das gelingt dir mit einem einfachen Satz wie zum Beispiel „Nähere Ausführungen dazu finden Sie im folgenden Kapitel." Damit hast du deinem Betreuer und deinem Professor bereits angekündigt, dass du diesen Inhalt zu einem späteren Zeitpunkt noch einmal vertiefen wirst.

Eine Vorankündigung ist ein optimales Stilmittel, um einen Spannungsbogen aufzubauen. Du reißt also jetzt ein Thema an, auf das du aber erst zu einem späteren Zeitpunkt intensiv eingehst. Verrate nicht zu viel und nimm nicht zu viele Details vorweg, denn sonst bringst du deinen Leser um das Vergnügen, sich auf den angekündigten Inhalt zu freuen! Vorankündigungen solltest du nicht zu häufig einsetzen, denn sie bieten sich schlicht nicht in jedem Zusammenhang an. An der einen oder anderen Stelle können sie aber wie gesagt ganz gezielt die Spannung erhöhen und deinem Leser vermitteln, dass du gedanklich in der Materie bereits weiter vorgedrungen bist, zu dem angerissenen Thema aber jetzt noch keine Ausführungen machen willst.

Wichtig zu wissen ist allerdings, dass eine Vorankündigung nicht zwingend nötig ist! Sie ist ein Stilmittel, das du nutzen kannst, wenn es dir geeignet erscheint. Mit einer Vorankündigung gibst du einen Ausblick auf einen Gedankengang, den du später noch einmal aufgreifst. Stringent und strukturiert ist es aber, wenn du ohne Vorankündigungen auskommst. Damit zeigst du, dass du deinen aufgenommenen Gedankengang streng verfolgst und dich nicht von anderen Überlegungen dazu verleiten lässt, vom Thema abzulenken. Dein Professor wird es vermutlich zu schätzen wissen, wenn du so strukturiert vorgehst und dein Kapitel Schritt für Schritt schreibst. Damit beweist du, dass du in der Lage bist, Inhalte zu priorisieren und zu verfolgen, ohne dich ablenken zu lassen. Du darfst sicher sein, dass das bei der Bewertung deiner wissenschaftlichen Arbeit gut ankommt.

5.5.2 Rückverweise verstärken den Inhalt

Ähnlich wie Vorankündigungen sind auch Rückverweise ein Hinweis auf ein Thema, das an dieser Stelle im Texte gerade nicht sinnvoll im Detail ausgeführt werden soll. Mit einem Rückverweis hebst du einen Inhalt hervor, den du in einem anderen Kapitel zuvor behandelt hast. Ein Rückverweis wird gerne angewendet, wenn du den Inhalt noch einmal besonders hervorheben willst. Er unterstreicht also die Bedeutung dieses Inhalts. Trotzdem gehört er nicht zum gerade erläuterten Thema und kann deshalb von dem „roten Faden" ablenken. Doch warum arbeitet man dann überhaupt mit einem Rückverweis?

Vielleicht hast du es selbst als Leser eines Fachbuchs schon einmal erlebt: Der Autor erläutert einen Sachverhalt und verweist plötzlich auf eine Erklärung oder einen Zusammenhang, den er vor zehn oder 20 Seiten im Detail beschrieben hat. Sein Hinweis sagt dann aus, sich diesen Inhalt noch einmal genauer anzusehen, weil er für die aktuelle Ausarbeitung sehr wichtig ist. Der Autor will also diesen Inhalt nicht noch einmal in aller Tiefe erläutern, deshalb verweist er auf seine etwas älteren Ausführungen. Das ist grundsätzlich in Ordnung.

Möglicherweise fühlst du dich durch diesen Verweis aber auch im Lesefluss gestört. Er lenkt dich ab, denn du musst wahrscheinlich noch einmal ein paar Seiten zurückblättern und dich genauer mit dem Inhalt beschäftigen. Der häufig zitierte „rote Faden" kann dir dadurch verloren gehen, du fühlst dich wahrscheinlich etwas abgelenkt. Vermutlich musst du dich später erneut in die Stelle einlesen, an der der Rückverweis gesetzt wurde. Alles in allem führt das vielleicht zu Unruhe beim Lesen, die du gerne vermeiden möchtest.

Bei einem Rückverweis steht also der Verstärkung und der Betonung des Themas ein ablenkender Effekt gegenüber. Es verhält sich somit ähnlich wie bei einer Vorankündigung. Mit der Vorankündigung erhöhst du zwar die Spannung, doch gleichzeitig lenkst du deinen Leser ab.

Grundsätzlich spricht nichts dagegen, gelegentlich mit einem Rückverweis zu arbeiten. Achte aber darauf, dass du es nicht übertreibst und nicht bei jedem wesentlichen Inhalt im Nachgang noch einmal darauf hinweist. Im Sinne des strukturierten Denkens und Arbeitens solltest du eher bemüht sein, deine Gliederung Schritt für Schritt abzuarbeiten und den Inhalt aufeinander aufzubauen. Besonders bei einer Bachelorarbeit oder Masterarbeit ist das wichtig, weil du hier auf eine bestimmte Anzahl an Seiten beschränkt bist und nicht jeden Inhalt in aller Tiefe ausführen kannst. Rückverweise oder auch Vorankündigungen setzt du deshalb eher sparsam ein, wenn es einen Sachverhalt gibt, den du besonders stark betonen willst.

Unter Umständen vertritt dein Professor bei diesen beiden Stilmitteln auch eine ganz eigene Position. Wenn du die Absicht hast, verstärkt damit zu arbeiten, frage gerne bei deinem Betreuer nach, wie man das an deinem Lehrstuhl bewertet. Es ist mehr als ärgerlich, wenn du deine Arbeit fast komplett geschrieben hast und mehrfach mit Rückverweisen oder Vorankündigungen arbeitest, um dann zu erfahren, dass dein Professor das überhaupt nicht mag. Du läufst dann Gefahr, deine Arbeit noch einmal von vorne bis hinten zu kontrollieren und an der einen oder anderen Stelle zu überarbeiten. Diese Mühe ersparst du dir, indem du von Anfang an nur mit diesen Stilmitteln arbeitest, wenn sie gerne gesehen sind.

In diesem Kapitel hast du vieles gelernt, was rund um den „roten Faden" in deiner Arbeit wichtig ist. Du hast erfahren, wie du deine Gedanken ordnest, wie du einen Satz nach wissenschaftlichen Maßstäben aufbaust und wie ein Kapitel logisch strukturiert wird. Du hast gelernt, welche Rolle die richtigen Überleitungen spielen und wie du optimal mit Ankündigungen und Rückverweisen arbeitest.

Damit bist du deinem Ziel, deine wissenschaftliche Arbeit mit einem guten Ergebnis zu schreiben, wieder ein großes Stück näher gekommen. Vielleicht fällt es dir schwer, dich an das stringente Vorgehen zu gewöhnen und den „roten Faden" bei deiner Arbeit kontinuierlich zu verfolgen. Das ist normal, denn an diese strukturierte Denkweise muss man sich zuerst gewöhnen. Hast du sie verinnerlicht, fällt es dir aber mit Sicherheit leichter, weitere wissenschaftliche Arbeiten wie deine Masterarbeit oder gar deine Doktorarbeit zu erstellen. Die Grundlagen, die du jetzt einmal verstanden hast, werden dir bei weiteren Arbeiten also immer wieder helfen.

6. Must-haves

Jede wissenschaftliche Arbeit lebt von einigen Grundbedingungen, die unbedingt zu erfüllen sind. Sie hängen maßgeblich mit dem Erfolg und mit einer guten Bewertung deiner Arbeit zusammen. Anders formuliert: Wenn du diese Must-haves nicht erfüllst, musst du damit rechnen, dass deine Bachelor- oder Masterarbeit deutlich schlechter beurteilt wird. Kennst du dieses Risiko, kannst du es von Anfang an umgehen, deshalb lohnt sich ein genauer Blick darauf. Im Wesentlichen gehören diese Must-haves zur sprachlichen Ausgestaltung deiner Arbeit. Es geht also weniger darum, wie die Gliederung aufgebaut ist, welche Quellen du verwendest oder welche Zitierweise du nutzt. Vielmehr geht es darum, wie du dich schriftlich ausdrückst, denn eine fundierte schriftliche Ausdrucksweise ist ein wichtiges Merkmal des wissenschaftlichen Schreibens.

6.1 Was hat es mit der sprachlichen Präzision auf sich?

Sie ist so etwas wie ein Aushängeschild für deine Arbeit: die sprachliche Präzision. Wenn du bisher noch wenig Erfahrung mit wissenschaftlichen Ausarbeitungen hast, mag es schwierig sein, sich darunter etwas vorzustellen. Sprachliche Präzision ist aber wichtig, denn zum Nachweis deiner Fähigkeiten im wissenschaftlichen Arbeiten gehört auch der Nachweis, dass du dich schriftlich gewählt und fundiert ausdrücken kannst. Vergiss auch nicht, dass du beim Schreiben anders formulierst als beim Sprechen. Eine wissenschaftliche Arbeit ist also keine Rede, die genauso formuliert sein soll wie sie später gesprochen wird. Sprachliche Präzision bedeutet, dass du „auf den Punkt kommst" und dem Leser unmissverständlich klar machst, was du meinst. Doch wie gelingt dir das?

Vor allem zu Beginn deiner Arbeit mag es schwierig sein, den richtigen Einstieg zu finden. Das gilt umso mehr, wenn du zwar in der gesprochenen Sprache sehr versiert bist und gerne präsentierst oder referierst, aber bei schriftlichen Ausarbeitungen ins Schwitzen gerätst. Natürlich ist nicht jeder Student ein brillanter Literat und ein umwerfender Autor. Vielleicht kennst du den einen oder anderen Studierenden, der sich schriftlich sehr gut ausdrückt und der seine Worte mit Leidenschaft zu Papier bringt.

Häufig sieht es aber etwas anders aus. Wer noch nicht so viel Erfahrung mit schriftlichen Ausarbeitungen hat, tut sich am Anfang etwas schwer. Schließlich erscheint es so viel einfacher, über ein bekanntes Thema mündlich zu referieren, denn dabei kannst du frei reden. Vermutlich gleitest du auch ein wenig in die Umgangssprache ab, vielleicht berichtest du sehr unterhaltsam und hast dein Publikum so schnell in deinen Bann gezogen.

Beim Formulieren einer wissenschaftlichen Arbeit sind andere Kriterien wichtig. Du musst von Anfang an so präzise wie möglich formulieren. Vermutlich wirst du unzählige Stunden vor deinem Computer verbringen und immer wieder an der Ausdrucksweise feilen. Das ist in Ordnung und kein Grund zur Sorge, solange du die Zeit im Auge hast und trotzdem pünktlich mit deiner Arbeit fertig wirst.

Sprachliche Präzision heißt, sich eindeutig, genau und zweifelsfrei auszudrücken. Deine Formulierung muss stringent sein, sie darf keinen Raum für Interpretationen oder Deutungen lassen. Das schaffst du, indem du den gewünschten Inhalt zunächst so aufschreibst, wie er dir durch den Kopf geht. Du schreibst also deine Gedankengänge zu einem bestimmten Thema auf. Ist es ein Thema, das dir fachlich gut liegt, erwischst du dich vermutlich dabei, in einem richtigen „Fluss“ zu sein, der sich kaum anhalten lässt. Bevor du dich umsiehst, hast du zwei oder drei Seiten zu Papier gebracht und ein ganzes Kapitel deiner Arbeit geschrieben.

Damit ist inhaltlich erst einmal dokumentiert, was du sagen willst. Achte darauf, dass dieser Inhalt vollständig ist. Nun lässt du deine Arbeit ein paar Stunden ruhen, vielleicht schreibst du mit einem anderen Kapitel weiter oder du recherchierst ein wenig nach der passenden Literatur. Am nächsten Tag nimmst du dir das Kapitel wieder vor und liest es genau durch. Dabei stellst du vermutlich schnell fest, wo deine Gedanken stringent und präzise sind oder wo du noch ein wenig korrigieren musst. Sich sprachlich präzise auszudrücken heißt, dass du die Dinge auf den Punkt formulierst. Im Prinzip darf kein Wort zu viel und kein Satz zu wenig sein. Der Leser muss deine Gedankengänge einwandfrei nachvollziehen, und auch ein fachfremder Leser muss verstehen, was du ausdrücken willst.

Hast du das Kapitel beendet, nimmst du es am nächsten Tag noch einmal zur Hand. Du prüfst ein weiteres Mal, ob du dich durchgängig präzise und eindeutig ausgedrückt hast. Vielleicht erwischst du dich dabei, dass du an der einen oder anderen Stelle doch etwas ausschweifend formuliert hast. Dann ist jetzt der richtige Zeitpunkt, das zu ändern. Danach hast du deinen eigenen Text mehrmals auf sprachliche Präzision geprüft. Weitere Fehler wirst du selbst kaum noch finden. Das liegt daran, dass dir dein Text bereits bekannt ist und dass du nun über deine eigenen Fehler leicht hinweg siehst.

Deshalb ist jetzt der passende Augenblick, einen Testleser einzuschalten. Am besten ist das eine Person, die mit dem Thema deiner Arbeit nichts zu tun hat. Dein Testleser soll deine Ausarbeitung lesen und auf Herz und Nieren prüfen. Vor allem soll er sich ansehen, ob du dich sprachlich präzise ausgedrückt hast oder ob du irgendwo zu langwierig oder umständlich formulierst. Deinen Testleser solltest du im Prinzip für jedes Kapitel bemühen. Er muss immer wieder prüfen, ob du dich verständlich ausdrückst und ob du auf den Punkt kommst. Ist dein Text für einen Laien verständlich, bist du auf der sicheren Seite. Falls dein Testleser nichts versteht und sich am Ende fragt, was du eigentlich ausdrücken willst, ist das ein sicheres Zeichen, dass du bei deinen Formulierungen noch nachschärfen musst und dass du deine sprachliche Präzision optimieren kannst. Insofern mag das Feedback eines Testlesers zwar Zeit kosten, doch am Ende ist es sehr wertvoll, weil es die Qualität deiner schriftlichen Ausarbeitung erhöht. Deshalb solltest du die Rückmeldungen ernst nehmen und berücksichtigen.

6.2 Warum gilt beim wissenschaftlichen Arbeiten „weniger ist mehr"?

Viel hilft viel, – diese Maßgabe kennst du vielleicht aus deinem Studium und aus deinen Klausuren. Je mehr du schreibst, desto besser stehen deine Chancen auf eine gute Bewertung deiner Klausur. Unter Umständen hast du in der Vergangenheit auch schon die Erfahrung gemacht, dass der eine oder andere Professor eine weitreichende Ausarbeitung honoriert hat und dass eher „Masse statt Klasse" angesagt war. In einer wissenschaftlichen Arbeit ist das anders. Hier greift der Ansatz „weniger ist mehr". Es geht also nicht darum, so viele Seiten wie möglich zu schreiben und am Ende ein Werk abzuliefern, dass mehrere 100 Seiten stark ist. Damit sprengst du den Umfang deiner Bachelor- oder Masterarbeit. Doch warum solltest du dich bei deiner ersten wissenschaftlichen Arbeit nach der Maßgabe „weniger ist mehr" richten, und wie gelingt dir das?

Bei der Umsetzung dieser Vorgabe hilft dir in erster Linie deine sprachliche Präzision, – also alles, was du schon im Kapitel 6.1 gelernt hast. Nenne die Dinge beim Namen und versuche, bei deinen Ausführungen schnell auf den Punkt zu kommen. Damit hast du ein ganz wesentliches Kriterium schon berücksichtigt.

Hinter dem Grundsatz „weniger ist mehr" steckt aber noch etwas mehr als nur eine hohe sprachliche Genauigkeit. Es geht vor allem darum, dich streng an dein Thema zu halten und keine Überlegungen einfließen zu lassen, die nichts mit dem eigentlichen Thema deiner Arbeit zu tun haben. Das kann im Einzelfall durchaus schwierig sein, denn du bist natürlich bemüht, dein gesamtes Wissen in deiner Arbeit zu präsentieren. Versuche trotzdem unbedingt, dich auf die wesentlichen Inhalte zu konzentrieren.[25]

Die wesentlichen Inhalte sind diejenigen, die direkt mit der eigentlichen Fragestellung deiner Arbeit zusammenhängen. Du weißt ja schon, dass du das Thema deiner Arbeit aus verschiedenen Blickwinkeln beleuchten musst. Dabei gibt es Aspekte, die wichtig sind und andere, auf die du problemlos verzichten kannst. In gewisser Hinsicht ist der berühmte „Mut zur Lücke" gefragt, denn du hast in einer Bachelor- oder Masterarbeit nun einmal nur einen beschränkten Platz zur Verfügung. Konzentriere dich zuerst auf die Analyse der Aspekte, die dir wesentlich erscheinen. Diskutiere sie mit deinem Betreuer und mit deinem Professor. Du findest dann schnell heraus, ob sie mit deinen Überlegungen einverstanden sind oder ob sie andere Aspekte berücksichtigt wissen wollen.

Behalte immer im Hinterkopf, dass du für deine erste wissenschaftliche Arbeit nur einen begrenzten Zeitraum von ein paar Wochen zur Verfügung hast. Vielleicht hat dir dein Professor sogar eine bestimmte Anzahl an Seiten mitgegeben, die du nicht überschreiten sollst. Gerade dann ist es maßgeblich, dass du dich auf die wesentlichen Inhalte konzentrierst. Das gelingt dir, indem du dich an deiner Gliederung orientierst. Denke daran, dass die Einleitung und der Schluss jeweils etwa zehn Prozent deiner Arbeit ausmachen. Der Hauptteil steht für den eigentlichen Inhalt, für die Darstellung deiner Ausgangslage, für die Erörterung der Fragestellung und für deine Analyse mit der Interpretation.

Tipp: *Noch vor dem Schreiben kannst du die Anzahl der Seiten auf die einzelnen Kapitel aufteilen. Du weißt dann sehr genau, wie viele Seiten jedes Kapitel etwa haben soll. So ordnest du jedem Kapitel auf der obersten Ebene eine Seitenanzahl zu. Wenn also deine Arbeit insgesamt 30 Seiten haben darf, entfallen jeweils drei Seiten auf die Einleitung und den Schluss. Damit hast du 24 Seiten für den Hauptteil, diese teilst du dann auf die einzelnen Kapitel deines Hauptteils zu. Wahrscheinlich umfassen die Ausgangslage und die Fragestellung weniger Seiten als deine Analyse und die Interpretation.*

Konzentriere dich beim Schreiben darauf, diese Seitenvorgaben einzuhalten. Das wird dir helfen, dich auf die Inhalte zu beschränken, die wesentlich sind. Vermutlich bekommst du auch von deinem Betreuer beim Schreiben den einen oder anderen Hinweis, worauf es ihm beim Schreiben thematisch ankommt und was du aussparen kannst.

„Weniger ist mehr" gilt aber auch für die Formatierung deiner Arbeit.[26] Vielleicht arbeitest du gerne am Computer und bist ein Profi im Umgang mit den neuesten Programmen für Textverarbeitungen und Tabellenkalkulationen. Dann liegt der Schluss nahe, dein Wissen auch in deiner Arbeit zu präsentieren. Die Folge sind dann vermutlich viele bunte Formatierungen, die optisch für sehr viel Abwechslung in deiner Arbeit sorgen. Auf den ersten Blick mag das gut aussehen. Eine auffallende Optik kann aber leicht den Eindruck erwecken, dass du vom Inhalt ablenken willst. Das ist natürlich nicht deine Absicht, denn schließlich hast du mit dem Inhalt deiner Arbeit eine ganze Menge zu sagen. Versuche also auf keinen Fall, durch eine ausufernde grafische und optische Gestaltung von den eigentlichen Inhalten abzulenken. Das hast du nicht nötig, für den Erfolg und die gute Benotung deiner Arbeit ist dieses Vorgehen eher kontraproduktiv.

Außerdem verwirrst du mit vielen Farben und Formatierungen deinen Leser. Das Auge wird von immer neuen bunten Farbtönen und sich verändernden Formatierungen abgelenkt und irritiert. Der Leser weiß dann nicht mehr, auf welcher Ebene deiner Gliederung er sich gerade befindet, ob ein Abschnitt eher zum Ende oder zum Anfang deiner Ausführung gehört und wo und wie der „rote Faden“ deiner Arbeit verläuft. Halte dich bei den optischen Formatierungen also unbedingt zurück und achte darauf, dass sie durchgängig sind! Die oberste Ebene deiner Gliederung sollte also immer die gleiche Formatierung aufweisen, die zweite Ebene hebt sich ebenso wie die dritte Ebene davon ab.

In den meisten Textverarbeitungsprogrammen findest du entsprechende Formate, mit denen du die Überschriften der Kapitel versiehst. Dadurch erhält jedes Kapitel dieser Ebene die gleiche Formatierung. Diese Formatvorlagen kannst du individuell anpassen oder neu erstellen. Frage auch gerne bei deinem Betreuer nach, ob es für deinen Fachbereich eine bestimmte Formatvorlage gibt, die durchgängig einzuhalten ist. Damit ersparst du dir die Mühe, eine eigene Vorlage zu erstellen. Viel wichtiger ist aber, dass du deine Arbeit dann von Anfang an richtig formatieren kannst. Nichts ist ärgerlicher, als die Formatierung der gesamten Arbeit später noch einmal zu verändern, weil du am Anfang etwas versäumt hast. Deshalb lohnt es sich, diese Frage gleich zu Beginn zu klären und deine Arbeit von Beginn an richtig aufzusetzen. So vermittelst du schon beim Aufschlagen deiner Arbeit den Eindruck, dass du dich umfassend um alle wichtigen Formalien gekümmert hast und keine relevanten Details auslässt!

Du siehst, hinter der Maßgabe „weniger ist mehr" verbirgt sich viel mehr, als du auf den ersten Blick angenommen hast! Versuche, dich an die Vorgaben zu halten. Dein Betreuer und dein Professor haben dann einfach mehr Freude am Lesen und du darfst sicher sein, dass man deine Bemühung mit einer guten Bewertung honoriert.

Zu einem optimalen Verständnis deiner Ausarbeitung gehört auch eine klare Formulierung. Was es damit auf sich hat und wie auch sie zu einem optimalen Verständnis deiner Ausführung beiträgt, erfährst du im folgenden Kapitel.

6.3 Wie entstehen klare Formulierungen in deiner Arbeit?

Sprachliche Präzision und klare Formulierungen sollten in einem direkten Zusammenhang stehen, – so könnte man meinen. Das stimmt allerdings nur bedingt, denn hinter beiden Forderungen verbergen sich unterschiedliche Bedeutungen. Während mit sprachlicher Präzision gemeint ist, die Dinge „auf den Punkt" zu bringen und genau das auszudrücken, was man sagen will, geht es bei klaren Formulierungen um Satzbau und Satzlänge, aber auch um Wortkreationen, die es im offiziellen deutschen Sprachgebrauch nicht gibt. Aber wie sieht ein verständlicher Satz eigentlich aus?

Subjekt, Prädikat, Objekt – und schon hast du einen aussagekräftigen Satz formuliert.[27] In einer wissenschaftlichen Arbeit hört es sich vermutlich etwas merkwürdig an, wenn du jeden Satz so aufbaust. Wahrscheinlich ist das Ergebnis ziemlich abgehackt und sprachlich nicht flüssig. Deshalb fügst du zwei Hauptsätze zu einem längeren Satz zusammen und verwendest ein Bindewort, um beide Sätze verständlich aneinanderzureihen. Ein Bindewort ist zum Beispiel ein „und", ein „oder" oder ein „aber". Dein Text wird dadurch flüssiger und angenehmer zu lesen. Selbstverständlich kannst du auch Haupt- und Nebensatz zu einem längeren Satz zusammensetzen und beide Teile miteinander verbinden.

Bei jedem zusammengefügten Satz besteht aber die Gefahr, dass dir der Leser nicht mehr folgen kann. Ganz sicher hast du auch schon einmal einen Text mit vielen langen Sätzen und mit Schachtelsätzen gelesen. Das sind Sätze mit mehreren Kommas und Satzteilen, die ineinander verschachtelt sind. Für den Leser ist es nahezu unmöglich, einem solchen Satz zu folgen und den Inhalt zu verstehen. Wahrscheinlich liest er ihn mehrfach und hat den Inhalt dann immer noch nicht vollständig erfasst.

Achte deshalb darauf, dass jeder Satz nur einen einzigen Gedanken aufnimmt und zu Ende führt. Ein Satz ist mit einer Länge von etwa 20 Worten noch gut verständlich. Er darf auch gerne etwas länger sein, wenn die Formulierung flüssig gewählt ist. Denke aber daran, dass dein Leser deinen Gedankengängen folgen muss. Je länger die Sätze sind und je mehr Kommas du einfügst, desto schwieriger wird es. Du musst also eine Balance finden zwischen flüssigen und verständlichen Formulierungen. Zu sprachlicher Klarheit trägt auf jeden Fall bei, dass deine Sätze möglichst kurz und prägnant sind und immer nur einen Gedanken aufnehmen und zu Ende führen.

In diesem Zusammenhang ist auch wichtig zu erwähnen, wie du mit englischen Begriffen umgehst. Vielleicht ist der eine oder andere Fachbegriff aus der englischen Sprache nicht zu vermeiden, weil er ein fester Bestandteil des Vokabulars in deinem Studiengang ist. Das ist völlig normal und absolut in Ordnung. Vermeide aber unbedingt neue Wortkreationen, die aus dem Englischen eingedeutscht sind und die es in dieser Form in der deutschen Sprache gar nicht gibt. In den Zeitungen oder im Internet findest du leider immer wieder absolute Negativbeispiele, man bezeichnet sie auch als „Denglisch“. Dabei handelt es sich um ein englisches Wort, das an die deutsche Sprache angepasst wurde und so im deutschen Wortschatz nicht existiert. Solche Wortkreationen zerstören den kompletten sprachlichen Stil deiner schönen wissenschaftlichen Arbeit. Vermeide diesen Fehler und setze englische Begriffe nur, wenn sie zu den Fachbegriffen gehören.

Auch mit Fachbegriffen solltest du übrigens vorsichtig sein. Natürlich will dein Professor wissen, dass du das Vokabular deines Studiengangs sicher beherrschst und richtig anwendest. Trotzdem muss dein Text noch so formuliert sein, dass ihn auch ein Laie versteht. Bemühe dich deshalb, Fachbegriffe nur dann zu verwenden, wenn sie nicht zu umgehen sind. Setze sie gezielt und nicht inflationär, denn damit lenkst du vom eigentlichen Thema deiner Arbeit ab. Wenn dein Leser einen Fachbegriff nach dem anderen lesen und verstehen muss, entsteht schnell der Eindruck, dass du den eigentlichen Inhalt verschleiern willst. Das wiederum hast du gar nicht nötig, denn deine Arbeit ist inhaltlich gut durchdacht und präzise aufgearbeitet. Es gibt also keinen Grund, mit unzähligen Fachbegriffen eine Kompetenz vorzutäuschen, die du mit deinem Inhalt sowieso deutlich machst.

Zu klaren Formulierungen gehören auch eigene Wortkreationen.[28] Das „Heißgetränk“ oder der „Frischwasserfilter“ haben sich in unserem Sprachgebrauch schon etabliert. Bei einem „Direktvertriebabteilungsleiterposten“ wird es schon schwieriger. Der Fantasie sind hier im Grunde keine Grenzen gesetzt, allerdings solltest du sie auf keinen Fall in deiner Bachelor- oder Masterarbeit ausleben. Solche zusammengesetzten Substantive kannst du natürlich auch mit einem Bindestrich schreiben, doch auch darunter leidet die Lesbarkeit. Es ist besser, solche Begriffe in zwei oder drei Worte zu trennen und zu umschreiben. Das klingt für deinen Leser flüssiger und ist einfach angenehmer zu lesen. Vielleicht bist du selbst schon einmal über den einen oder anderen Begriff gestolpert, der dir etwas merkwürdig erschien. Prüfe im Zweifelsfall in einem Wörterbuch, ob ein von dir gewähltes Wort zum offiziellen deutschen Sprachgebrauch gehört oder nicht. Bist du dir unsicher, streiche es und wähle eine andere Formulierung. Dein Text wird dadurch leichter zu verstehen und angenehmer zu lesen.

Eng mit der sprachlichen Klarheit verbunden ist auch das nächste Must-have. Wahrscheinlich verwendest du eine Reihe von Fachbegriffen, die für deinen Studiengang spezifisch sind. Mit diesen Begrifflichkeiten zeigst du deine Kompetenz und weist nach, dass du dein Thema beherrschst. Wie du diese Fachbegriffe richtig einsetzt, liest du im nächsten Abschnitt.

6.4 Wie gehst du mit Definitionen richtig um?

Es gibt sie in jedem Studiengang: die typische Sprache, die nur die Insider untereinander verstehen. Juristen kennen ihre Fachbegriffe ebenso wie Wirtschaftswissenschaftler, Ingenieure, Biologen oder Mathematiker. Je nach Fachrichtung kommen weitere spezielle Begriffe hinzu. Natürlich musst du als Student das Vokabular deines Fachs beherrschen und sicher anwenden. Doch wie nimmst du deinen Leser mit auf die Reise durch deine wissenschaftliche Arbeit, wenn er selbst diese Fachbegriffe nicht kennt?

Vielleicht hast du die Situation auch schon einmal erlebt: Du unterhältst dich mit zwei Studenten aus einem anderen Studiengang. Plötzlich schweifen die beiden in ein Fachgespräch ab, indem du nicht mehr folgen kannst. Unzählige Begriffe fliegen dir um die Ohren, und du hast den Eindruck, gar nichts mehr zu verstehen. Natürlich ist das nicht besonders nett von deinen Freunden, dich bei einem fachlichen Gespräch völlig auszuschließen. Leider kann das aber leicht geschehen, wenn sich zwei Fachleute unterhalten und ein Dritter in der Materie nicht so versiert ist. Schwierig wird es, wenn du es in deiner Bachelor- oder Masterarbeit genauso hältst. Du darfst dann sicher sein, dass dir deine Leser nicht mehr folgen können. Zwar werden dein Professor und dein Betreuer deine Ausführungen verstehen, doch jeder andere hat enorme Schwierigkeiten, deinen Gedankengängen zu folgen. Doch wie gehst du mit Fachbegriffen und Definitionen in deiner Arbeit richtig um?

Zuerst ist es wichtig zu verstehen, dass eine eigene fachspezifische Sprache in einem Studiengang ganz normal ist. Wenn sich zwei Mediziner über ein fachliches Thema austauschen, verwenden sie dabei ebenso ihre Fachsprache wie zwei Physiker oder zwei Biologen. Auch

Juristen untereinander scheinen ihre eigene Sprache zu sprechen, und selbst einen Wirtschaftswissenschaftler verstehst du häufig nicht, wenn du bestimmte Begriffe nicht kennst. Im späteren Berufsleben ist es ebenso, nach deinem Einstieg wirst du auch hier viele neue Fachworte kennenlernen, die dir bisher noch nicht geläufig waren. Eine eigene fachspezifische Sprache ist also völlig normal, sie ist nötig, damit sich die Experten untereinander gezielt austauschen und wissen, wovon sie sprechen.

Vielleicht ist es dir aber schon einmal passiert, dass sich zwei Fachleute unterhalten haben und dass es offenbar zu einem Missverständnis kam. Das geschieht leicht, wenn man nicht von Anfang an klar macht, wie ein bestimmter Fachbegriff zu verstehen ist. Anders formuliert: Die Definition ist nicht ganz eindeutig.

Diese Schwierigkeit wird dir auch in deiner Abschlussarbeit begegnen. Deshalb musst du von Beginn an erläutern, wie du bestimmte Fachbegriffe verstanden wissen willst. Du musst sie definieren und dich dabei durchgängig an die einmal abgegebene Definition halten.

Häufig ist eine Definition schon bekannt und wird in der Wissenschaft einheitlich verwendet.[29] Vermutlich wirst du viele solcher Erläuterungen finden. Beim Schreiben deiner Arbeit suchst du dann einmalig nach einer passenden Definition, du zitierst sie mit der Quelle und verwendest den Fachbegriff dann im weiteren Verlauf immer in dem entsprechenden Kontext. Dein Leser weiß dann sehr genau, wie er einen Fachbegriff zu verstehen hat. Das ist besonders wichtig, wenn man Begriffe auch unterschiedlich auslegen kann. Versuche, deine Definition so eindeutig und zweifelsfrei wie möglich zu formulieren und halte dich dann streng daran. Dadurch machst du es deinem Leser viel leichter, deinen Ausführungen zu folgen.

Eindeutige und allgemein anerkannte Definitionen findet man häufig in der Mathematik oder in den Naturwissenschaften.

Vielleicht passiert es dir an der einen oder anderen Stelle, dass du auf eine Definition triffst, die nicht ganz eindeutig und zweifelsfrei gegeben ist. Vor allem in den Geisteswissenschaften gibt es so etwas wie eine engere oder eine weitere Auslegung von einzelnen Begriffen. Ist das bei dir der Fall, suchst du am besten die Definition, die optimal zur Aussage deines Textes passt. Du musst dich dann zwischen einem engeren oder einem weiteren Verständnis dieses Fachbegriffs entscheiden. Achte darauf, dass du die einmal formulierte Definition durchgängig beibehältst. So machst du es deinem Leser leichter, deinen Ausführungen zu folgen.

Unter Umständen ist ein Begriff auch noch gar nicht in der Literatur definiert. Das ist der Fall, wenn es sich bei deinem Thema um ein sehr spezifisches Fachwort handelt, dass in dieser Form noch nicht wissenschaftlich definiert werden musste. Dann ist es am besten, wenn du selbst eine kurze und knappe Erläuterung abgibst, wie du einen bestimmten Begriff verstanden haben willst oder in deiner Arbeit einsetzt. Es ist absolut legitim, sich an einer eigenen Definition zu versuchen, wenn du in der Literatur keinen brauchbaren Ansatz findest.

Achte aber immer darauf, einen bestimmten Begriff durchgängig zu nutzen und die Definition nicht immer wieder zu ändern. Damit trägst du sehr wesentlich zum besseren Verständnis deiner Arbeit bei. Der Leser kann dir dann einfach besser folgen, wenn er bereits weiß, mit welcher Definition eines Fachbegriffs du arbeitest.

Damit deine Arbeit insgesamt verständlich bleibt, solltest du darauf achten, die Anzahl deiner Fachbegriffe in einem überschaubaren Umfang zu halten. Natürlich kannst du deine wissenschaftliche Arbeit um ein Glossar erweitern, in dem alle Fachbegriffe erläutert und definiert sind. Das bietet sich an, wenn du sehr häufig mit solchen Begriffen arbeiten musst. Bei manchen wissenschaftlichen Themen geht es nicht ohne viele Fachbegriffe, nur durch sie gelingt es dir, dein Thema kurz, knackig und präzise zu beschreiben und deine Argumentation darzulegen.

Versuche trotzdem, die Zahl deiner Fachbegriffe und Definitionen zu begrenzen. Je mehr Fachbegriffe du verwendest, desto schwerer ist dein Text zu verstehen. Vielleicht ist es dir selbst schon einmal passiert, dass du einer Vorlesung oder einem Text beim Lesen kaum noch folgen konntest, weil sich ein Fachbegriff an den nächsten reiht. Manche Autoren glauben, damit ihre Kompetenz zum Ausdruck zu bringen.

Das ist allerdings nicht ganz richtig. Natürlich sind Fachbegriffe wichtig, um die Dinge beim Namen zu nennen. Setze sie aber unbedingt gezielt ein und nur dann, wenn es dem besseren Verständnis dient. Eine Anhäufung von Definitionen verschleiert das, was du mit deinem Text eigentlich zum Ausdruck bringen willst. Einen gut durchdachten und strukturierten Inhalt musst du aber keineswegs hinter einer komplizierten Ausdrucksweise verstecken. Halte deine Ausarbeitung so einfach wie möglich und nutze Fachbegriffe mit kurzen Definitionen nur, wenn es nötig ist. Damit bleibt dein Text viel besser zu verstehen und dein Betreuer und dein Professor haben Freude am Lesen. Für den fachlich nicht so versierten Leser ist ein solcher Text selbstverständlich ebenfalls besser zu verarbeiten. Damit überzeugst du auch andere Leser, die nicht so tief in der

Materie stecken und machst deine Arbeit viel besser zugänglich für einen möglichst breiten Kreis an Lesern.

Du weißt nun, wie du am besten mit Fachbegriffen in deiner Arbeit umgehst. Im richtigen Maß eingesetzt, sind sie nötig, um inhaltlich auf den Punkt zu komme und deine Aussagen klar und eindeutig zu formulieren. Zu häufig genutzt, verwirren sie deinen Leser und verschleiern den eigentlichen Inhalt deines Textes. Das wirkt dann ein wenig so, als ob du dich hinter einer Flut von Fachbegriffen versteckst, weil du nicht mit Inhalt punkten kannst. Deshalb solltest du Fachbegriffe und Definitionen sparsam und durchgängig verwenden. Dein Leser dankt es dir mit Sicherheit mit einer guten Beurteilung deiner Arbeit.

Du hast nun eine ganze Menge rund um die Must-haves für deine wissenschaftliche Arbeit erfahren. Vielleicht ist dir schon aufgefallen, dass dieses Buch über weite Strecken im Präsens formuliert ist. Damit stellt sich noch eine wichtige Frage nach der Verwendung der richtigen Zeiten in den einzelnen Kapiteln. Was es damit auf sich hat, liest du im nächsten Abschnitt.

6.5 Wie setzt du Zeiten in den Kapiteln richtig ein?

Eine wissenschaftliche Arbeit wird im Präsens geschrieben, – so sieht es jedenfalls auf den ersten Blick aus. Wenn du schon einmal die ersten Seiten einer Bachelor- oder Masterarbeit gelesen hast, ist dir wahrscheinlich aufgefallen, dass sie durchgängig in der Gegenwart geschrieben ist. Das ist verständlich, denn schließlich beschäftigst du dich mit einer aktuellen Fragestellung, die aus verschiedenen Blickwinkeln beurteilt wird. Trotzdem gibt es von dieser Regel einige

Ausnahmen. Im Prinzip hängt es davon ab, was du gerade beschreibst. Welche Vorgaben es im Einzelnen gibt, erfährst du in den nächsten Absätzen.

Die häufigste grammatikalische Zeit in deiner Arbeit ist das Präsens.[30] In dieser Zeit schreibst du die Einleitung, die Zusammenfassung und vielleicht auch ein Exposé. Das Präsens kommt fast durchgängig zur Anwendung, wenn du Sachverhalte oder Tatsachen beschreibst. Immer wenn es um eine Beschreibung von allgemeingültigen Tatsachen geht, ist das Präsens die richtige Zeit.

Die Ausgangslage deiner Arbeit und die Fragestellung sind ebenfalls typische Inhalte, für die das Präsens angesagt ist. Vor allem der aktuelle Stand der Literatur und der Forschung werden in der Gegenwart dargestellt. Dabei handelt es sich um Inhalte, die aktuell so bekannt und anerkannt sind. Deshalb ist das Präsens die richtige Form.

Etwas anders sieht es aus, wenn du in der Einleitung, in der Zusammenfassung oder in der Ausgangslage von Dingen sprichst, die weit in der Vergangenheit liegen. Dann ist das Perfekt die richtige Zeit. Vielleicht stellst du eine historische Begebenheit dar, vielleicht beschreibst du ein Ereignis, das viele Jahrhunderte zurückliegt. Immer dann muss das Perfekt als richtige Zeit gesetzt werden. Vielleicht spürst du, dass sich eine Formulierung im Präsens etwas merkwürdig anhört, wenn du ein Ereignis beschreibst, das bereits vor mehreren Jahrhunderten geschehen ist.

Im theoretischen Teil deiner Arbeit beschreibst du Methoden und ein bestimmtes Vorgehen. Auch dazu nimmst du das Präsens. Verweist du auf allgemeine Definitionen oder auf Wissen, das als allgemeingültig zu bezeichnen ist, wirst du wiederum auf die Gegenwartsform zurückgreifen.

Etwas anders sieht es aus, wenn du ganz gezielt auf die Ergebnisse von anderen Forschern verweist. Beziehst du dich auf die Resultate aus früheren wissenschaftlichen Arbeiten oder auf bestimmte Studien, die ein Forscher veröffentlicht hat, ist das Perfekt die richtige Wahl. Damit machst du sprachlich deutlich, dass das zitierte Wissen schon seit langer Zeit anerkannt ist und in der Forschung als Basis verwendet wird. Das gilt übrigens ganz besonders, wenn du zitierst und dich dabei namentlich auf einen bestimmten Forscher beziehst. Deine Formulierung muss dann im Perfekt oder im Präteritum gehalten sein, um deutlich zu machen, dass du einen Wissenschaftler zitierst.

Führst du in deiner Arbeit eine empirische Untersuchung durch, beschreibst du auch den Ablauf mit seinen einzelnen Schritten. Dafür ist das Perfekt oder das Präteritum die richtige Wahl. So zeigst du an, dass diese Untersuchung in der Vergangenheit gemacht wurde und dass sie bereits abgeschlossen ist und dir somit bestimmte Ergebnisse für deine Arbeit liefern konnte. Das Präsens würde in diesem Fall sehr merkwürdig klingen, wie du beim Lesen vermutlich schnell feststellst.

Führst du Ergebnisse deiner Untersuchung aus, verwendest du ebenfalls das Perfekt oder das Präteritum. Du zeigst dadurch an, dass du dich auf Ergebnisse einer Untersuchung beziehst, die bereits in der Vergangenheit durchgeführt wurde und die sich in der Vergangenheit ergeben haben. Das Präsens wäre dafür nicht die richtige Wahl.

Das Fazit oder eine Diskussion deiner Ergebnisse wird überwiegend im Präsens dargestellt. Solltest du aber auf konkrete Untersuchungen verweisen oder auf deine eigenen Ergebnisse referenzieren, ist wiederum das Perfekt oder das Präteritum die richtige Wahl. Du zeigst dadurch wieder an, dass du dich auf Ergebnisse beziehst, die du selbst erzielt hast und die auf der Grundlage einer früheren Untersuchung gewonnen wurden.

Gelegentlich taucht bei einem Verweis auf geschichtliche Ereignisse noch der Sonderfall des historischen Präsens auf. Damit beschreibst du ein Ereignis aus der Vergangenheit in der Gegenwart. Dieser Kniff erzielt beim Leser eine sehr starke Wirkung. Er stellt dadurch einen Bezug zu diesem historischen Ereignis her, das bedeutet, er kann sich besser in die beschriebenen Ereignisse hinein versetzen. Besonders in einer Arbeit mit einem historisch geprägten Hintergrund kann das sehr interessant sein. Der Leser „lebt" dadurch in gewisser Art und Weise mit, er fühlt sich stärker betroffen und kann sich stärker in die Materie hineinversetzen. Das historische Präsens ist ein interessantes Stilmittel, mit dem du deinen Leser bei geschichtlichen Themen stark einbindest. Du lässt ihn praktisch eintauchen in eine längst vergangene Welt und gibst deiner wissenschaftlichen Arbeit dadurch einen aktuellen und lebendigen Anstrich.

Wie du siehst, ist das Präsens in vielen Kapiteln deiner Arbeit genau die richtige Wahl. Allerdings gibt es ein paar Abweichungen von dieser Regel, und wenn du diese Ausnahmen beachtest und anwendest, wirkt deine Arbeit insgesamt stimmiger und ansprechender. Sie ist lebendiger und schöner zu lesen und spricht dadurch vermutlich auch deinen Betreuer und deinen Professor noch mehr an.

Damit hast du eine Menge über die wichtigen Must-haves erfahren, die aus deiner Bachelor- oder Masterarbeit ein literarisch gelungenes Werk machen. Selbst wenn du glaubst, dass dir das Talent zum Schreiben nicht in die Wiege gelegt wurde, bist du mit diesen Tipps und Hinweisen in der Lage, eine stimmige Arbeit abzuliefern, die den wesentlichen Kriterien an das wissenschaftliche Arbeiten und Schreiben genügt.

Im nächsten Kapitel erfährst du noch, welche Fehler häufig in einer Bachelor- oder Masterarbeit gemacht werden und was du unbedingt vermeiden solltest. Damit wird deine Arbeit zu einem insgesamt runden und stimmigen Ergebnis, das du mit einem guten Gefühl bei deinem Professor einreichen kannst.

7. Fallstricke und häufige Fehler

Im Lauf deines Studiums hast du sicher schon den einen oder anderen Fehler gemacht, den du im Nachhinein sehr bedauert hast. Vermutlich konntest du ihn noch ausbügeln und die Dinge wieder ins rechte Licht rücken, damit sich keine negativen Konsequenzen ergeben und vielleicht sogar der Fortschritt deines Studiums gefährdet ist. Auch bei deiner wissenschaftlichen Arbeit drohen ein paar Fehler, die du umgehen solltest, damit dein Werk pünktlich fertig ist und damit du durch eine inhaltlich und sprachlich gelungene Vorstellung überzeugst. Doch wo lauern die Fallen, die du kennen solltest, damit du sie gezielt umgehen kannst?

Typische Fehler in einer Bachelor- oder Masterarbeit können unangenehme Konsequenzen nach sich ziehen. Sofern du keine schwerwiegenden Fehler machst wie mangelhaftes Zitieren, wird deine Arbeit in der Regel trotzdem angenommen. Du riskierst also nicht, dass du mehrere Monate vergeblich gearbeitet hast und eine zweite Arbeit vorlegen musst. Allerdings musst du mit einem erheblichen Punktabzug rechnen, was sich leider direkt auf deine Note auswirkt.

Eine gute bis sehr gute Bewertung deiner Arbeit ist natürlich nicht das allein ausschlaggebende Kriterium für deinen Erfolg als Berufseinsteiger. Vermutlich spielt sie auch nur eine untergeordnete Rolle bei deiner Suche nach deinem ersten Job. Vielleicht fragt man dich im Bewerbungsgespräch nach dem Thema deiner Arbeit und möchte etwas mehr zum Inhalt erfahren. Ob deine Note dabei auch eine größere Rolle spielt, hängt sehr von der Einstellung des Personalchefs oder deines fachlichen Vorgesetzten im Vorstellungsgespräch ab. Insofern ist eine gute Benotung deiner Arbeit zwar wichtig, aber eben vermutlich keine zwingende Bedingung dafür, dass du einen Arbeitsvertrag in deinem Traumjob bekommst.

Und auch die Gesamtnote, mit der du dein Studium abschließt, wird nur zum Teil durch das Ergebnis deiner wissenschaftlichen Arbeit beeinflusst. Ebenso wichtig sind meist die Noten aus den Klausuren. Alles das sollte dich aber nicht dazu verleiten, deine Bachelor- oder Masterarbeit auf die leichte Schulter zu nehmen. Denke daran, dass du sehr viel Zeit und Mühe in die Erstellung deiner Arbeit investiert hast. Das Thema liegt dir am Herzen und du möchtest thematisch etwas Sinnvolles zum aktuellen Stand der Wissenschaft beitragen.

Vor diesem Hintergrund ist es sehr schade, wenn du das Ergebnis deiner Mühe durch ein paar Fehler schmälerst, die sich mit etwas Sorgfalt und durch gründliches Arbeiten und Überprüfen leicht vermeiden lassen. Alle Fehler und Fallstricke kannst du umgehen, wenn du sorgfältig arbeitest und deine Arbeit mehrfach Korrektur liest. Wie du schon weißt, hilft dir auch ein fachfremder Leser dabei, die letzten Fehler zu finden und auszumerzen. Du wirst sehen, dass sich die Mühe lohnt, denn sie wird sich in einer besseren Benotung niederschlagen.

7.1 Wie gehst du mit Wertungen richtig um?

Du hast dich für ein Thema entschieden, das dir am Herzen liegt. Du erstellst du Gliederung und stimmst sie mit deinem Betreuer und deinem Professor ab. Dann beginnst du mit dem Schreiben der ersten Kapitel. Du ertappst dich dabei, dass du richtig im Fluss bist und von deinem eigenen Thema und deinen Gedankengängen überwältigt bist. Du gehst kurz in dich und liest die geschriebenen

Seiten noch einmal sorgfältig durch. Plötzlich fällt dir auf, dass wie begeistert deine Ausführung klingt! Beim Schreiben konntest du dir an der einen oder anderen Stelle eine eindeutige Wertung nicht verkneifen. Das Ergebnis mag stimmig sein und selbst Zweifler überzeugen, doch mit einer objektiven Würdigung der Fakten hat es nichts zu tun. Was nun?

Es ist wichtig zu wissen, dass wissenschaftliches Arbeiten sehr viel mit Objektivität und Neutralität zu tun hat. Du solltest dir deshalb subjektive Formulierungen und eine eigene Meinung so weit wie möglich verkneifen.[31] Schließlich spielt deine eigene Ansicht in deiner Arbeit nur eine untergeordnete Rolle. Wenn du beim Schreiben den Eindruck hast, dass du ein wenig zu euphorisch unterwegs bist, höre kurz auf und lies deinen Text noch einmal sehr kritisch durch. Du kannst auch gerne eine kleine Pause einlegen und am nächsten Tag noch einmal langsam und gründlich lesen, was du bisher geschrieben hast. Wenn du weißt, dass du gelegentlich ein wenig zu subjektiv schreibst und zu viele Wertungen einfügst, gewöhne dir an, jedes Kapitel nach dem ersten Schreiben noch einmal gründlich zu lesen. Sonst besteht nämlich die Gefahr, dass du deine Arbeit durchgängig mit zu vielen Wertungen versiehst und im Nachgang nacharbeiten musst. Das kostet dich unnötig Zeit und bringt vielleicht sogar die pünktliche Abgabe deiner Arbeit in Gefahr. Das vermeidest du, indem du jedes Kapitel Schritt für Schritt noch einmal gezielt auf Wertungen überprüfst.

Umgehen kannst du subjektive Äußerungen übrigens recht einfach. Adjektive sind in einem Satzaufbau nötig, um einer Aussage eine gewisse Würze zu geben. Ohne Adjektive wäre die schriftliche ebenso wie die gesprochene Sprache sehr langweilig und wenig unterhaltsam. Achte deshalb darauf, keine wertenden Adjektive zu verwenden, die auf deine eigene Meinung schließen lassen. Beschreibe die Stadt Berlin also nicht als „schön", „hässlich" oder „unterhaltsam". Verwende vielmehr ein objektives Adjektiv, das zum Beispiel die Größe oder die Lage in Deutschland hervorhebt. So umgehst du eine Wertung, die in deiner Arbeit nichts zu suchen hat oder die allenfalls sehr sparsam verwendet werden sollte.

Beendest du deine Arbeit mit einer Schlussfolgerung oder einem Fazit, darfst du die eine oder andere Wertung platzieren. Damit machst du deutlich, wie du die Ergebnisse bewertest und welchen Stellenwert sie in der Forschung haben. Deine eigene Meinung hat hier also durchaus Platz. Achte aber unbedingt auf die Formulierungen und halte deine Bewertungen in einem überschaubaren Rahmen. Eine eigene Meinung darf in der Arbeit zum Ausdruck kommen, allerdings solltest du dich auch in diesem letzten Kapitel nicht zu Begeisterungsstürmen hinreißen lassen. Es ist viel besser, punktuell mit einer persönlichen Einschätzung der Ergebnisse zu glänzen und eine Empfehlung für weiteren Forschungsbedarf und angrenzende Fragestellungen zu geben. Auch im letzten Kapitel hilft es, nach dem ersten Schreiben noch ein- oder zweimal sorgfältig zu lesen, was du geschrieben hast und im Zweifel noch ein wenig umzuformulieren. So bist du auf der sicheren Seite, deine Bachelor- oder Masterarbeit so objektiv wie möglich zu schreiben und gleichzeitig einfließen zu lassen, welche Ergebnisse dir wichtig sind und was du thematisch gerne vertiefen möchtest.

7.2 Wie vermeidet man Wiederholungen?

Stelle dir vor, du hast die ersten drei Kapitel deiner Arbeit geschrieben. Du hast die Einleitung geschrieben, die Ausgangslage mit dem aktuellen Stand der Wissenschaft dargelegt und deine Fragestellung erläutert. Du liest deine Kapitel noch einmal durch und hast im dritten Kapitel den Eindruck, dass sich deine Ausführungen aus dem zweiten Kapitel wiederholen. Jetzt ist guter Rat teuer, denn was ist passiert? Du hattest zwar das Glück, noch rechtzeitig auf deinen Fehler aufmerksam zu werden, aber wie umgehst du ihn?

Wiederholungen sind ein gefährlicher Fehler in deiner Arbeit. Zu unterscheiden sind inhaltliche Wiederholungen von sprachlichen Wiederholungen. Inhaltliche Wiederholungen können im schlimmsten Fall dazu führen, dass deine Arbeit nicht angenommen wird. Sprachliche Wiederholungen führen zu Abzügen bei der Bewertung. Was also musst du über diesen gefährlichen Fallstrick wissen?

Mit inhaltlichen Wiederholungen sind in erster Linie Überschneidungen zwischen den einzelnen Kapiteln gemeint. Wenn du in der Einleitung schon die komplette Ausgangslage vorweg nimmst und den Stand der aktuellen Literatur darstellst oder in der Ausgangslage deine Fragestellung vollständig ableitest, dann sind das typische Fälle einer inhaltlichen Wiederholung oder Überschneidung. Wie du schon weißt, ist die Reihenfolge der Kapitel in deiner Arbeit im Wesentlichen vorgegeben. Jedes einzelne Kapitel hat einen bestimmten Zweck, der wiederum weitgehend definiert ist. In ein einleitendes Kapitel gehört zum Beispiel keine Herleitung deiner Fragestellung. Eine inhaltliche Wiederholung entsteht, wenn du dich darüber hinweg setzt, sodass am Ende in deiner Einleitung das Gleiche steht wie in der Ausgangslage – lediglich mit anderen Worten formuliert. Sollte dir das passieren und du stellst es beim Lesen deiner Arbeit fest, korrigiere diesen Fehler unbedingt, denn er kann sogar dazu führen, dass dein Professor deine Bachelor- oder Masterarbeit nicht annimmt.
Du musst also von Anfang an darauf achten, jedes einzelne Kapitel

inhaltlich trennscharf und sauber zu formulieren. Es gibt ein paar Tipps, die dir dabei helfen. Eine durchdachte Gliederung ist zum Beispiel unbedingt erforderlich, an ihr wirst du dich inhaltlich orientieren. Deshalb ist es wichtig, die Gliederung mit großer Sorgfalt zu erstellen. Es ist besser, auf die Gliederung ein wenig mehr Zeit zu verwenden, als im Nachgang noch einmal umständlich nachzuarbeiten und ganze Kapitel deiner Arbeit neu zu schreiben.

Vermeiden kannst du inhaltliche Doppelungen auch, indem du dir für jedes Kapitel ein paar Stichworte machst. Prüfe sie und schaue dir dabei auch an, ob sich deine Stichworte in einem anderen Kapitel wiederholen. Notiere dir gerne mit ein paar Punkten, welche Literatur du in welchem Kapitel zitieren willst und was du in welchem Kapitel schreiben willst. Das wird dir dabei helfen, nicht immer und immer das Gleiche zu schreiben.

Von einer inhaltlichen Doppelung zu unterscheiden ist übrigens der Übergang in ein neues Kapitel. Am Ende eines Kapitels darfst du durchaus einen kurzen Ausblick auf die Inhalte des nachfolgenden Kapitels geben. Dadurch wird der Lesefluss leichter und dein Professor hat mehr Freude an deiner Arbeit. Du solltest nur darauf achten, dass dieser Übergang lediglich dazu dient, das Thema im folgenden Abschnitt anzureißen. Eine vollständige Erläuterung aller Überlegungen und Inhalte ist an dieser Stelle nicht erwünscht. Mit einer gekonnten Überleitung sammelst du hingegen Pluspunkte, die sich auf die Bewertung deiner Arbeit auswirken.

Eine weitere Art der Wiederholung ist die Wiederholung einzelner Worte. Wenn du in einem einzelnen Abschnitt dreimal den Begriff „Definition“ findest oder in fünf aufeinanderfolgenden Sätzen zweimal von einer „Fragestellung“ sprichst, sind das typische Fälle einer Wiederholung von einzelnen Fachbegriffen. Eine solche Wiederholung kann durchaus ein Stilmittel sein.[32] Du verwendest es gezielt, wenn du einzelnen Stellen in deinem Text sprachlich hervorheben willst. Allerdings solltest du mit diesem Stilmittel sehr vorsichtig umgehen. Es verfehlt seine Wirkung selten und sollte gerade deshalb in einer wissenschaftlichen Arbeit eher sparsam zur Anwendung kommen.

Um eine wörtliche Wiederholung zu umgehen, suchst du nach Synonymen.[33] Unter einem Synonym versteht man ein anderes Wort, das die gleiche Bedeutung hat. Fällt dir selbst kein sinnverwandtes Wort ein, recherchierst du im Wörterbuch danach. Die meisten Textverarbeitungsprogramme sind mit einer entsprechenden Funktion ausgestattet, die dir dabei hilft, Synonyme für einen bestimmten Begriff zu finden. Diese Funktion solltest du nutzen, denn ein Text ist mit einer abwechslungsreichen Wortwahl schöner zu lesen. Auch dein Professor wird es honorieren, wenn du dir bei der Formulierung deiner Arbeit diese sprachliche Mühe machst und nach sinnverwandten Worten suchst.

Typisch für eine wörtliche Wiederholung ist es übrigens auch, einen Satz mit dem gleichen Wort zu beginnen, mit dem du den vorherigen Satz beendet hast. Achte zum Beispiel darauf, dass du einen Satz nicht mit dem Wort „ist" abschließt und den folgenden Satz mit einem „ist" beginnst. Formuliere einen der beiden Sätze um, denn eine solche Doppelung ist ein Zeichen für einen schlechten sprachlichen Stil. Die deutsche Sprache bietet so unglaublich viele Möglichkeiten, sich sprachlich zu äußern, dass eine solche Doppelung nicht nötig ist. Auch hier gilt wieder, dass es dir dein Professor mit einer entsprechenden Benotung dankt und dein Leser ebenfalls sehr erfreut sein wird über dein sprachliches Feingefühl.
Du hast nun eine Menge Tipps erhalten, wie du Wiederholungen

in deiner Arbeit verhinderst. Damit sollte es dir gelingen, dich mit einem soliden Inhalt und einer ansprechenden Ausdrucksweise zu positionieren. Im nächsten Kapitel gehen wir auf einen weiteren Fehler ein, der sich auf die sprachliche Schönheit deiner Arbeit auswirkt: Füllwörter sind unnötig und lenken vom Thema ab.

7.3 Wie identifiziert man Füllworte?

Vielleicht ist es dir beim Lesen eines Textes schon einmal aufgefallen: Hier findest du ein „eigentlich", im nächsten Satz steht ein „endlich" und zwei Absätze weiter folgt ein „manchmal". Solche Worte bezeichnet man als Füllworte. Sie haben keine Aussagekraft und blähen einen Text unnötig auf. Meist verwenden wir Füllworte, weil wir sie aus der gesprochenen Sprache so gewöhnt sind. In einer schriftlichen Ausarbeitung lenken sie aber eher vom Inhalt ab und sind deshalb nicht nötig. Trotzdem gilt für Füllwörter eine ähnliche Maßgabe wie für Wortwiederholungen: Sie sind auch ein Stilmittel, das deinen Text angenehmer zu lesen macht und das deshalb gelegentlich gezielt eingesetzt werden darf.

Sie sind überflüssig und tragen nicht dazu bei, die Aussagen eines Fachtextes zu untermauern: Füllworte und Füllsätze stehen in dem Ruf, die sprachliche Qualität deiner Arbeit zu schmälern.[34] Füllworte sind einzelne Wörter, Füllsätze sind hingegen ganze Sätze. Deshalb musst du sie genau unterscheiden, denn Füllwörter sind sprachlich nicht sehr schön, während Füllsätze sogar von der eigentlichen Aussage deines Textes ablenken.

Die deutsche Sprache kennt eine Reihe von Füllwörtern. Du verwendest sie meist in der gesprochenen Sprache. Wie du weißt, unterscheiden sich die gesprochene Sprache und die schriftliche Sprache erheblich.

In einer gesprochenen Rede wirken Füllwörter meist ein wenig auflockernd. Sie machen den Text weniger steif, der Redner kommt dadurch angenehm menschlich und zugänglich beim Zuhörer an. Der Zuhörer nimmt wahr, dass ein Mensch aus Fleisch und Blut vor ihm steht, nicht aber eine Maschine oder ein Roboter.

In der schriftlichen Sprache ist das etwas anders. Hier sind Füllwörter schlicht überflüssig, mit Füllwörtern blähst du lediglich deinen Text und die Anzahl der Worte auf. Du machst aber keine neuen oder wichtigen Aussagen zum Inhalt. Füllwörter kannst du problemlos weglassen, deine Ausführung ändert sich dadurch nicht. Viele Füllwörter schwächen eine Aussage ab und lassen den Inhalt weniger wichtig erscheinen. Typisch dafür ist das Wörtchen „eigentlich". Sobald du ein „eigentlich" in einem Satz einbaust, nimmst du ihm die Wucht der Aussage. In einer wissenschaftlichen Arbeit ist das in der Regel nicht gewollt. Achte deshalb unbedingt darauf, Füllwörter zu vermeiden, wann immer es möglich ist.

Allerdings gibt es auch hier die berühmte Ausnahme. Füllwörter können gezielt als Stilmittel eingesetzt werden. Sparsam verwendet, lassen sie einen Text angenehmer erscheinen, sie sorgen für eine bessere Lesbarkeit. Der Text wirkt dadurch insgesamt ein bisschen flüssiger und unterhaltsamer. Vielleicht hast du dich selbst schon dabei ertappt, dass die ein Text mit ein paar Füllwörtern mehr zusagt als ein Text, in dem eine Aussage an die andere gereiht ist. Wenn du Füllwörter benutzt, achte unbedingt darauf, sie ganz gezielt und sparsam einzusetzen. Gehst du mit etwas Feingefühl vor, erhöht das eine oder andere Füllwort sogar die Freude beim Lesen und sorgt für einen sprachlich anspruchsvolleren Text.

Auch Füllsätze solltest du in deiner Arbeit sehr sparsam verwenden.[35]

Ein Füllsatz hat meistens den Zweck, den Umfang eines Textes zu erhöhen. Du treibst damit die Wortanzahl in die Höhe, ohne inhaltlich einen Mehrwert zu bringen. Füllsätze sind meist Doppelungen, weil du einen Inhalt mit anderen Worten noch einmal formulierst. Vielleicht verschleiert ein Füllsatz den Inhalt deiner eigentlichen Aussage, vielleicht schwächt er ihn ab. Manchmal entsteht ein Füllsatz, weil du den Inhalt deines Kapitels nicht trennscharf formulierst. Das passiert, wenn du zum Beispiel in der Erläuterung deiner Fragestellung noch einmal ausführlich auf die Ausgangslage eingehst. Mit solchen Füllsätzen verwirrst du deine Leser. Sie sind dann nicht mehr in der Lage, deiner Ausführung zu folgen, sie verliert die logische Klarheit und Durchgängigkeit. Deshalb solltest du unbedingt darauf achten, Füllsätze nur sehr sparsam zu setzen.

Außerdem merkt dein Professor beim Lesen sehr schnell, ob du verstärkt dazu neigst, Füllsätze ohne Inhalt zu schreiben. Das ist der Fall, wenn du inhaltlich nicht viel zu einem Thema beitragen kannst. Mit Füllsätzen blähst du dein Kapitel dann unnötig auf. Ist das erst einmal aufgefallen, musst du mit Punktabzügen in der Benotung rechnen. Deshalb sollten Füllsätze in deiner wissenschaftlichen Arbeit nicht vorkommen.

Tipp: *Fehlt es dir noch an Inhalt, um eine bestimmte Anzahl an Seiten zu schreiben, ist es besser, noch ein oder zwei neue Aspekte deiner Fragestellung einzubeziehen. Damit zeigst du nochmals, dass du ein Thema aus verschiedenen Blickwinkeln betrachten kannst. Zwar macht dir das noch etwas mehr Arbeit, aber die Mühe lohnt sich, denn Füllsätze kommen bei deinem Professor vermutlich immer schlecht an.*

Füllwörter und Füllsätze sind recht leicht zu identifizieren. Du weißt nun, dass du sie weglassen solltest, um deine Aussage nicht abzuschwächen und um deinen Inhalt trennscharf und präzise zu formulieren. Im nächsten Kapitel sehen wir uns eine sprachliche Besonderheit an, die dem einen oder anderen Studenten sicher schon den Schweiß auf die Stirn getrieben hat. Der doppelte Genitiv klingt sprachlich nicht sehr schön, selbst wenn er nach der deutschen Grammatik korrekt wäre. Wenn du weißt, was es damit auf sich hat, kannst du den doppelten Genitiv vermeiden.

7.4 Warum stört ein doppelter Genitiv?

Die deutsche Sprache hat durchaus die eine oder andere grammatische Besonderheit – das merkt wohl jeder Studierende spätestens beim Schreiben seiner ersten wissenschaftlichen Arbeit. Eine dieser Besonderheit ist der doppelte Genitiv. Ein doppelter Genitiv entsteht, wenn du in einer Formulierung zweimal hintereinander den zweiten Fall der Deklination setzt. Mit einem einfachen Kniff vermeidest du den doppelten Genitiv und lässt deinen Text sprachlich eleganter wirken.

Obwohl sprachlich und grammatisch korrekt, hört es sich irgendwie merkwürdig an: „Laut des Berichts des Professors haben alle Studenten die Klausur bestanden.“ Selbst wenn du dich nicht als sprachliches Genie betrachtest, klingt diese Formulierung vermutlich seltsam in deinen Ohren. Verlässt du dich allein auf dein Sprachgefühl, formulierst du vielleicht „Laut dem Bericht des Professors haben alle Studenten die Klausur bestanden.“ Anders formuliert: Du ersetzt den doppelten Genitiv durch einen Dativ und umgehst damit die merkwürdige Formulierung.[36] Das ist absolut in Ordnung, in nahezu jeder Erläuterung über die Deklination eines Substantivs und über den zweiten Fall – den Genitiv – findest du eine Anmerkung, dass ein doppelter Genitiv nicht sehr schön klingt und deshalb durch einen Dativ ersetzt werden kann.

In deiner wissenschaftlichen Arbeit sieht es sehr ähnlich aus. Natürlich sollst du die Deklination eines Substantivs beherrschen und in deiner Arbeit zeigen, dass du die deutsche Sprache mit ihrer schwierigen Grammatik im Griff hast. Trotzdem darfst du den doppelten Genitiv umgehen, weil er sich sprachlich schlicht nicht sehr schön anhört.

Recherchierst du ein bisschen nach der Deklination und nach diesem Phänomen, findest du vermutlich unterschiedliche Auslegungen. Es gibt Aussagen, nach denen der doppelte Genitiv auch dann gesetzt werden soll, wenn es sprachlich merkwürdig klingt. Er ist allerdings grammatikalisch völlig korrekt und soll deshalb auch entsprechend verwendet werden, so die Anweisung.

Wenn es deinem Sprachgefühl eher entspricht, kannst du ihn allerdings mit dem Dativ vermeiden. In diesem Fall dürfte dir auch ein Punktabzug in deiner Arbeit nicht drohen, weil dieser sprachliche Kniff anerkannt ist und in entsprechenden Ausführungen zur Deklination überall entsprechend zitiert wird.

Bist du dir unsicher, wie du vorgehst, um den doppelten Genitiv zu vermeiden, hilft dir vermutlich auch, den gesamten Zusammenhang umzuformulieren. Der oben genannte Satz könnte zum Beispiel so lauten: „Der Professor hat einen Bericht über die Ergebnisse der Klausuren vorgelegt. Darin führt er aus, dass alle Studenten bestanden haben.“ Diese Formulierung klingt sprachlich viel schöner und flüssiger. Mit ein wenig sprachlichem Gefühl wirst du sowieso keinen doppelten Genitiv setzen, weil er in der gesprochenen Sprache kaum auftaucht und uns deshalb eher weniger geläufig ist. Kommst du trotzdem einmal in die Verlegenheit, dass sich zwei Genitive hintereinander reihen, wähle einfach eine andere Formulierung. Die Aussage verändert sich dadurch inhaltlich nicht, aber du beweist, dass du ein feines Sprachgefühl hast und dich gewählt und dennoch verständlich ausdrücken kannst.

Der doppelte Genitiv kommt in deiner Arbeit vielleicht nicht sehr häufig vor. Einen anderen Fehler machen leider viele Studenten in ihrer Bachelor- oder Masterarbeit, und er kann zu erheblichem Punktabzug führen: Wenn du versuchst, fehlenden Inhalt durch viele Worte auszugleichen – und deshalb nicht „auf den Punkt kommst", – fällt das deinem Professor sicher schnell auf. Doch auch diesen Fallstrick kannst du umgehen.

7.5 Wie vermeidet man viele Worte und wenig Inhalt?

Du kennst dein Abgabedatum für deine Bachelorarbeit, du weißt, wie viele Seiten du schreiben sollst – und stellst nach einigen Wochen fest, dass es dir nicht gelingt, die nötige Zahl der Seiten zu erstellen. Du hast schlicht zu wenig Inhalt. Also beginnst du, deine Aussagen aufzublähen. Du schreibst viel Text, deine Ausführungen sind allerdings eher von begrenzter Tragweite. Umgangssprachlich könnte man sagen, du „kommst nicht auf den Punkt". Das ist gefährlich, denn dieses Problem kann für dich erhebliche Auswirkungen bei deiner Benotung haben. Was also kannst du tun, wenn du den Eindruck hast, dass dein Text nur aufgebläht ist, um die Wortanzahl in die Höhe zu treiben?

Wichtig zu wissen ist, dass du mit deinem Problem nicht allein bist. „Viel Text und wenig Inhalt“ ist eine Herausforderung, der sich viele Studierende bei ihrer Abschlussarbeit stellen müssen. Im Prinzip hat dieses Problem zwei Ausprägungen: Zum einen gelingt es dir sprachlich nicht, dich präzise auszudrücken. Deine Arbeit ist dann inhaltlich zwar fundiert, aber du wiederholst dich immer wieder und formulierst nicht kurz und prägnant. Zum anderen kann es aber auch sein, dass es dir an Inhalt fehlt und dass du deinen Text deshalb künstlich verlängern musst. Für beide Fälle gibt es Lösungen.

Angenommen, du hast genügend Inhalt für deine Arbeit oder für ein Kapitel und der Umfang wird immer länger und länger. Es fehlt dir an sprachlicher Präzision. Du formulierst nicht konkret, der Leser hat Probleme, den Kern der Dinge zu erfassen und deinen Ausführungen zu folgen. Du musst also versuchen, weniger Worte zu machen und deine Aussagen so präzise wie möglich zu fassen. Das gelingt dir, indem du zuerst alle Füllworte und Füllsätze aus deinem Text entfernst. Sie sind überflüssig und tragen nicht dazu bei, den Inhalt präziser zu formulieren. Schaue dir dann an, wo du mit verschachtelten Sätzen oder einer Kombination aus vielen Haupt- und Nebensätzen arbeitest. Formuliere einfache Sätze, halte sie kurz und knackig. Nutze Fachbegriffe, wo es nötig ist, um einen Inhalt kurz und prägnant zu formulieren. Zeige auch „Mut zur Lücke“, indem du den einen oder anderen Aspekt streichst, der nicht unmittelbar zu deinem Thema gehört. Du stellst vermutlich schnell fest, dass dein Kapitel kürzer und verständlicher wird. Zeige deinen neuen Text gerne einem Testleser und lasse ihn die alte und die neue Version vergleichen. Wenn er dir das Feedback gibt, dass deine neue Ausführung „auf den Punkt kommt“ und besser verständlich ist, bist du auf dem richtigen Weg.

Es kann aber auch sein, dass es dir noch an Inhalt fehlt. Du hast dann das Gefühl, dass du diesen Umstand durch viele Worte umständlich verschleiern musst. Du willst davon ablenken, dass ein Kapitel inhaltlich noch nicht so ausgearbeitet ist, wie es wünschenswert ist. Das passiert vor allem am Ende der Arbeit leicht, wenn der Termin für die Abgabe immer näher rückt. In diesem Fall hilft dir leider nur, doch noch einen oder zwei zusätzliche Aspekte in das Kapitel aufzunehmen, die du bisher nicht betrachtet hast. Vielleicht hast du eine Fragestellung bisher komplett unberücksichtigt gelassen, die für den Leser noch wesentlich sein könnte. Kommst du selbst nicht auf eine gute Idee, diskutiere deinen Entwurf noch einmal mit deinem Betreuer. Sicher hat er noch den einen oder anderen Hinweis für dich, wie du den Inhalt noch ein wenig ergänzen kannst. Das mag langwierig und umständlich klingen. Allerdings solltest du dir die Mühe machen und nach weiteren Aspekten suchen. Bist du inhaltlich nämlich etwas schwach aufgestellt, fällt das einem Fachmann wie deinem Professor sofort auf. Du musst damit rechnen, dass es Punktabzüge in deiner Arbeit gibt. Das solltest du unbedingt vermeiden. Ergänze deshalb beim Schreiben um ein oder zwei Gedankengänge, die du inhaltlich übrigens auch als „Exkurs" bezeichnen kannst. Ein Exkurs ist eine Ausführung, die dein Thema erweitert, die aber inhaltlich nicht direkt etwas mit deiner Arbeit zu tun hat. Ein Exkurs ist in deiner Arbeit erlaubt und ein gutes Mittel, noch ein paar Seiten mit fundiertem Inhalt zu füllen.

Als Alternative kannst du deine Kapitel zunächst relativ ausführlich formulieren. Stellst du im Lauf des Schreibens fest, dass du zu viele Inhalte aufnimmst und dadurch den gewünschten Umfang deiner Arbeit sprengst, streichst du einzelne Passagen wieder heraus. Es ist meist einfacher, im Nachgang noch zu streichen, als weitere Seite mit gutem Inhalt zu füllen, wenn du mit deinen Gedanken schon mehrere Kapitel weiter bist. Es ist also durchaus möglich, am Anfang etwas mehr zu schreiben, um später bei Bedarf zu kürzen und so den gewünschten Umfang einzuhalten.

Damit sind wir fast am Ende der Fehler, die dir in deiner wissenschaftlichen Arbeit unterlaufen können. Du weißt nun auch, wie du kurz und prägnant formulierst oder deinem Text noch ein oder zwei Gedankengänge hinzufügst, um auf die nötige Anzahl deiner Seiten zu kommen. Im letzten Abschnitt des Kapitels beschäftigen wir uns noch mit dem Stichwort „Konsistenz". Sie sorgt dafür, dass deine Leser deinen Ausführungen besser folgen können und dass Missverständnisse beim Schreiben und Lesen gar nicht erst aufkommen.

7.6 Wie bleiben Texte konsistent?

Im ersten Kapitel ist durchgängig von einem „Dozenten" die Rede, im zweiten erwähnt der Autor mehrfach einen „Lehrer", im dritten Absatz geht es dann um einen „Professor": Das ist ein typisches Beispiel für einen Text, der jede Konsistenz vermissen lässt. Wenn du einen Sachverhalt mit immer wieder anderen Begriffen beschreibst oder unterschiedliche Wörter nutzt, die dasselbe meinen, verwirrst du deine Leser unnötig. Deinem Text fehlt es dann schlicht an Konsistenz. Dieser Fehler lässt sich leicht umgehen. Allerdings musst du eine Balance finden zwischen einer spannenden und abwechslungsreichen Ausdrucksweise und der durchgängigen Konsistenz des Textes. Es genügt also nicht, durchgehend den gleichen Ausdruck zu verwenden, denn so entsteht ein langweiliger Text, der deinen Leser sicher nicht anspricht. Doch wie findest du diese Balance?

Vielleicht ist es dir selbst schon einmal passiert: Du hast einen Text gelesen, und nach ein paar Seiten fällt dir auf, dass der Autor immer wieder mit neuen Begrifflichkeiten arbeitet. Diese Begrifflichkeiten stehen allerdings für den gleichen Sachverhalt. Er nutzt also mehrere Worte, die alle dasselbe ausdrücken wollen. Wahrscheinlich fühlst du dich nach kurzer Zeit verwirrt, du hast das Gefühl, den Ausführungen nicht mehr folgen zu können.

So wie dir wird es auch dem Leser deiner Arbeit gehen, wenn du immer wieder mit unterschiedlichen Fachbegriffen arbeitest. Der Leser ist dann schon bald nicht mehr in der Lage, deinen Text zu verstehen. Im schlimmsten Fall entstehen sogar Missverständnisse, die dazu beitragen, dass er deine Ausführung ganz anders versteht, als du sie gemeint hast. Bei einer wissenschaftlichen Arbeit kann das schlimme Folgen haben, denn wenn dein Betreuer oder dein Professor deine Aussagen nicht mehr nachvollziehen können, besteht große Gefahr, dass es Abzüge bei der Bewertung gibt.

Vermeiden kannst du diese fehlende Konsistenz, indem du jedes Kapitel noch einmal gründlich durchliest und genau diesen Fehler eliminierst. Fällt dir auf, dass du zwei bestimmte Begriffe durchgehend im Wechsel nutzt, bietet sich eine Funktion an, die die meisten Textverarbeitungsprogramme enthalten. Ersetze einfach einen der beiden Begriffe durch den anderen. Diese Funktion des Ersetzens ist automatisiert im Text möglich. Lies danach den bearbeiteten Text noch einmal aufmerksam durch und schaue dir an, ob das Ergebnis in Ordnung ist. So vermeidest du, dass ein ursprünglich recht ordentlicher Text durch die automatisierte Korrektur schlechter lesbar wird.

Obwohl eine konsistente Ausdrucksweise sehr zu empfehlen ist, musst du gleichzeitig darauf achten, dich abwechslungsreich auszudrücken. Wie du weißt, helfen Synonyme dabei, deinen Text spannender und lesbarer zu gestalten. Du solltest also eine Balance finden, in der du einerseits genügend unterschiedliche Fachbegriffe in deinen Text bringst und andererseits so konsistent wie möglich bleibst.

Ob dir das gelingt, zeigt dir wiederum das Feedback eines Testlesers. Gib einer fachfremden Person deinen Text und bitte sie, gezielt auf Synonyme und Konsistenzen bei der Ausdrucksweise zu achten. Einem Leser, der deine Ausführung noch nicht kennt, fallen solche kleinen Schönheitsfehler schnell auf, weil er deinen Text mit der nötigen Aufmerksamkeit liest.

Nachdem du auch diesen sprachlichen Fallstrick noch kennengelernt hast und in deiner Arbeit eliminiert hast, sollte deiner Abgabe nichts mehr im Weg stehen. Auch wenn du von dir glaubst, von Natur aus kein begnadeter Autor zu sein, hast du alles getan, um deiner wissenschaftlichen Arbeit in sprachlicher Hinsicht den richtigen Schliff zu geben.

Du darfst nun sicher sein, dass es für deinen Betreuer und für deinen Professor in inhaltlicher und sprachlicher Hinsicht ein Vergnügen ist, deinen Text zu lesen. Das Ergebnis dürfte eine Bewertung sein, die deinen Vorstellungen entspricht und die eine schöne Belohnung für deine Mühe ist.

Nun hast du die wichtigsten Tipps und Tricks auf dem Weg zu einer guten Bachelor- oder Masterarbeit kennengelernt. Du siehst, dass wissenschaftliches Arbeiten und Schreiben zwar einige Mühe macht, dass es aber auch Freude macht, wenn dein Werk Schritt für Schritt fertig wird. Im letzten Abschnitt fassen wir die wichtigsten Punkte noch einmal kurz zusammen, um dir einen praxisnahen Leitfaden an die Hand zu geben.

8. Das Wichtigste für eilige Leser

Die erste wissenschaftliche Arbeit steht an, du musst deine Bachelorarbeit schreiben. Ganz sicher hast du schon mit anderen Studenten darüber gesprochen, wie sie diese Aufgabe bewältigt haben. Du hast einige Tipps und Tricks erhalten, doch irgendwie fühlst du dich nur noch mehr verwirrt. Das Abgabedatum rückt näher, und du hast keine Ahnung, wie du diese enorme Herausforderung am besten meistert.

Die folgenden fünf Schritte zeigen dir, was zu tun ist. Arbeite sie der Reihe nach ab und du darfst sicher sein, dass dein Werk pünktlich fertig ist und zu einem guten Ergebnis führt. Wichtig ist in dieser letzten spannenden Phase vor allem eines: Disziplin und Durchhaltevermögen. Und vergiss auch nicht, dass noch kein Profi vom Himmel gefallen ist und Übung nun einmal den Master macht! Die folgenden fünf Schritte sind eine Grundlage für dich, und wenn du ausführlichere Infos suchst, wirf einfach noch einmal einen gründlichen Blick in dieses Buch!

1. Erstelle einen konkreten Zeitplan für deine Bachelorarbeit. Notiere dazu alle wichtigen Schritte und versehe jeden Schritt mit einem Beginn- und Enddatum.
2. Überlege dir dein Thema und lege es deinem Professor vor.
3. Erarbeite die Gliederung mit maximal drei Ebenen und stimme sie mit ihm ab.
4. Schreibe deine Arbeit.
5. Überprüfe deine Arbeit auf inhaltliche und sprachliche Fehler und gib sie einem Lektor zum Korrekturlesen.

Ist deine Arbeit fertig, muss sie natürlich noch gebunden werden. Bei deiner Zeitplanung solltest du das berücksichtigen. Suche dir rechtzeitig ein Geschäft, indem du die Arbeit binden lässt und frage auch bei deinem Professor, wie viele Exemplare du vorlegen musst.

Im Idealfall planst du natürlich so, dass bei jedem Schritt noch ein kleiner zeitlicher Puffer enthalten ist. Er schützt dich, wenn einmal etwas schiefläuft und du unerwartet nacharbeiten musst.

Damit bist du am Ende dieses Ratgebers angekommen. Du weißt nun, wie du dein Abenteuer „Abschlussarbeit" am besten angehst. Vermutlich wirst du von Zeit zu Zeit ein wenig entmutigt sein und das Gefühl haben, dass du es niemals schaffst. Das ist völlig normal und geht anderen Studierenden genauso. Du weißt aber auch, dass unzählige Studenten ihre Arbeit bereits erfolgreich erstellt haben und ganz sicher kennst du auch aus deinem direkten Umfeld den einen oder anderen Freund, der seine Bachelorarbeit auf Anhieb bestanden hat.

Bisher ist noch kein Master vom Himmel gefallen, aber mit ein bisschen Übung und viel Spaß an der Arbeit darfst du sicher sein, dass du eine überzeugende Arbeit erstellst und eine gute Note bekommst. Vielleicht findest du sogar Gefallen am wissenschaftlichen Arbeiten und Schreiben und entscheidest dich nach deiner Bachelorarbeit, deine akademische Karriere noch mit einem Master zu küren. Viel Erfolg!

Quellenverzeichnis

1. https://flexikon.doccheck.com/de/Wissenschaft, Abruf vom 18.01.2021
2. https://karrierebibel.de/wissenschaftliches-arbeiten/, Abruf vom 18.01.2021
3. https://flexikon.doccheck.com/de/Wissenschaft, Abruf vom 18.01.2021
4. https://www.korrektur-plus-lektorat.de/wissenschaftliches-arbeiten-vorteil-berufsleben/#:~:text=Die%20st%C3%A4n-dige%20%C3%9Cbung%20im%20wissenschaftlichen,Ausdru-cksweise%20hilft%20dir%20hier%20enorm, Abruf v. 18.01.21
5. https://www.mentorium.de/wissenschaftliches-arbeiten/, Abruf v. 23.11.2020
6. https://www.mentorium.de/wissenschaftliches schreiben/, Abruf v. 23.11.2020
7. https://wissenschafts-thurm.de/grundlagen-der-statistik-wie-unterscheidet-man-zwischen-nominal-ordinal-und-kar-dinalskala/#:~:text=Bei%20nominalskalierten%20Daten%20handelt%20es,die%20Haarfarbe%20oder%20die%20Telefon-nummer, Abruf v. 26.11.2020
8. https://www.wirtschaftswissen.de/marketing-vertrieb/public-relations/unternehmenskommunikation/fragetechnik-der-unterschied-zwischen-offenen-und-geschlossenen-fragen/, Abruf v. 26.11.2020
9. https://www.mentorium.de/typische-fehler-in-bachelorar-beiten-masterarbeiten/#:~:text=Auch%20subjektive%20W%C3%B6rter%20haben%20in,wirklich%E2%80%9C%20und%20%E2%80%9Esuper%E2%80%9C, Abruf v. 27.11.2020
10. https://www.flowfinder.de/zeitmanagement-methoden/, Abruf v. 28.11.2020

11. https://www.unicum.de/de/erfolgreich-studieren/pruefungs-tipps/passendes-bachelorarbeitsthema-so-wirst-du-fuendig, Abruf v. 28.11.2020
12. https://www.studienkreis.de/deutsch/richtig-zitieren/, Abruf v. 29.11.2020
13. https://www.scribbr.de/category/apa-standard/, Abruf v. 29.11.2020
14. https://www.unicum.de/de/erfolgreich-studieren/hausarbeit-co/richtig-zitieren, Abruf vom 29.11.2020
15. https://www.mystipendium.de/studium/aufbau-wissenschaftliche-arbeit#:~:text=Der%20klassische%20Aufbau%20einer%20wissenschaftlichen,durch%20Deine%20schriftliche%20Ausarbeitung%20zieht, Abruf v. 30.11.2020
16. https://www.mystipendium.de/studium/aufbau-wissenschaftliche-arbeit#:~:text=Der%20klassische%20Aufbau%20einer%20wissenschaftlichen,durch%20Deine%20schriftliche%20Ausarbeitung%20zieht, Abruf v. 14.12.2020
17. https://www.impulse.de/management/selbstmanagement-erfolg/braindump/7449527.html, Abruf v. 16.12.2020
18. https://www.studierenplus.de/pruefungszeit/gliederung-bachelorarbeit/, Abruf v. 16.12.2020
19. https://www.studienstrategie.de/lernen/mindmap-erstellen-mindmap-methode/#:~:text=Bei%20einer%20Mindmap%20wird%20mit,Farben%20und%20Schl%C3%BCsselbildern%20erg%C3%A4nzt%20werden, Abruf v. 16.12.2020
20. https://www.mentorium.de/wissenschaftlicher-schreibstil/, Abruf v. 17.12.2020
21. http://www.studi-sos.de/die-besten-tipps-f%C3%BCr-ihre-arbeit/gliederung/, Abruf v. 17.12.2020
22. https://www.univie.ac.at/ksa/elearning/cp/schreiben/schreiben-94.html, Abruf v. 17.12.2020

23. https://www.contexta.de/kapiteluebergaenge/, Abruf v. 17.12.2020
24. https://www.mentorium.de/der-rote-faden-bachelorarbeit/, Abruf v. 17.12.2020
25. https://www.lektorat-masterarbeit.de/wissenschaftlicher-schreibstil/, Abruf v. 20.01.21
26. https://stuzubi.de/ratgeber/tipps-zur-formatierung-deiner-abschlussarbeit/, Abruf v. 20.01.21
27. https://magazin.sofatutor.com/schueler/checkliste-so-werden-deine-texte-klar-und-verstaendlich/, Abruf v. 20.01.21
28. https://www.lektorat-masterarbeit.de/wissenschaftlicher-schreibstil/, Abruf v. 20.01.21
29. https://blog.aristolo.com/de/definition-begriffe-bachelor-arbeit-masterarbeit-dissertation/, Abruf v. 21.01.21
30. https://www.scribbr.de/wissenschaftliches-schreiben/zeit-formen-in-wissenschaftlichen-arbeiten/#:~:text=Der%20Gro%C3%9Fteil%20einer%20wissenschaftlichen%20Ar-beit,Methode%2C%20Ergebnisse%20und%20Fazit%20bzw., Abruf v. 21.01.21
31. https://www.topcorrect.de/blog/tabuwoerter-in-wissenschaft-lichen-arbeiten/, Abruf v. 22.01.21
32. https://wortwuchs.net/stilmittel/wiederholung/, Abruf v. 22.01.21
33. https://www.textakademie.de/service/textertipp/wort-wieder-holungen-vermeiden/, Abruf v. 22.01.21
34. https://bildungssprache.net/fuellwoerter-liste-worte/, Abruf v. 22.01.21
35. https://www.texten-lassen.de/fullworter-und-full-satze/#:~:text=F%C3%BCllw%C3%B6rter%20und%20F%C3%BClls%C3%A4tze%20werden%20von,einen%20Text%20l%C3%A4nger%20zu%20machen.&text=Ein%20

wirklich%20guter%20Text%20kann,so%20gut%20wie%20keine%20Leerformeln., Abruf v. 23.01.21
36. http://www.sprache-kompakt.de/sprachstil/grammatik/genitiv-regeln.php, Abruf v. 23.01.21

Printed in Poland
by Amazon Fulfillment
Poland Sp. z o.o., Wrocław

71279223R00089